KB167246

20세기를 빛낸 극작가 20인

차례

Contents

서문

　20세기가 지난 지 벌써 10년이 넘었지만 지난 세기의 영광
과 오욕을 정리하고 평가하는 기획은 그리 많지 않다. 연대기
적 서술이나 키워드 중심의 역사 요약은 무성하지만 지난 100
년간의 전체 흐름을 분야별로 세세하게 독해하는 노력은 아직
미진하다. 한 시대를 서사적으로 조망하고 진단하기 위해서는
일정한 시간적 거리가 필수인데, 10년이라는 세월은 20세기를
걷어 올리기에는 벅찬 햇수이기도 하다. 한편으로는 극단적 변
화와 초고속 변천을 지속해온 지난 세기의 인식적 진폭이 너무
나도 급격하고 충격적이어서 그 여파가 여전히 우리 삶의 조건
들을 포박하고 있기 때문이기도 하다.

　연극 분야에서도 사정은 크게 다르지 않다. 내놓을만한 20

세기 연구서가 눈에 띄지 않고, 과거 100년의 극작들이 여전히 오늘날 무대의 한 구역을 차지하고 있다는 사실이 이를 반증한다. 수십 년 전의 작품이 여전히 터줏대감 노릇을 하고 있다는 정황은 고전 명작이 갖는 불후의 가치에 힘입은 덕이기도 하겠지만, 무엇보다 인간과 세계가 맺은 20세기적 관계설정이 별다른 해결책을 찾지 못한 채 세기말의 문턱을 넘어왔다는 사실에 기인한다. 그렇다고 이 시대를 20세기 후속편으로 간주하거나 과거의 상처에 얽매인 에피고넨(epigonen: 모방자 또는 아류)으로 방치할 수는 없는 일이다. 이는 무책임의 멍에를 뒤집어쓰기 알맞다. 필자는 어떻게든 성글게나마 20세기 연극사를 정리해야 한다는 조바심에서 이 책을 집필하게 되었다.

물론 극작가 중심의 서술이 복잡다단한 100년의 연극사를 포괄할 수도 없거니와 연출술과 배우술, 무대기술 등 중요한 연극요소들을 아우를 수도 없음은 자명하다. 하지만 20세기를 '극단의 시대(에릭 홉스봄)'로 규정한 한 역사가의 통찰을 수용한다면 그 갈등과 대결의 자장 하에서 인간의 운명과 본질을 탐구한 극작가들이야말로 지난 세기의 시대정신을 가장 압축적으로 드러내는 표상들이라 믿어 의심치 않는다. 이 책에 등장한 극작가들은 인류역사상 가장 참혹했던 두 차례의 대량학살전과 무모하고 무용했던 이념의 대립, 밑도 끝도 없이 나락으로 추락한 인간성의 붕괴 등 20세기를 관통한 그 처절한 참사들을 온몸으로 돌파한 숭고한 영혼들이다. 이들의 이름을 나열하고 기리는 것만으로도 20세기 연극사의 도정에 섬돌 하나를

올리는 의미 있는 작업이라 확신한다.

이 책에 등재된 20명의 극작가 외에도 20세기가 잊지 말아야 할 극작가들은 분명 존재한다. 연극사적 기여도와 대중적 인지도를 객관성의 척도로 옹립했지만 몇몇 준예들은 이 설핏한 그물코를 농락이라도 하듯이 유유히 대해로 몸을 잠갔다. 특히 20세기 극작술의 지평을 개창한 체호프는 그 이름을 맨 위에 두는 명렬전모(名列前茅)가 그 응당한 처우이나, 그의 극작 대부분이 19세기에 완성되었고 너무나 일찍 요절했다는 점(1904년 사망)에서 20세기 작가로 호명하기에는 난점이 있었다. 아무튼, 필자의 엉성궂은 기호와 20이라는 수적 제한 때문에 이 자리로 초빙되지 못한 명사들에겐 고개 조아리는 바이다. 또한 아쉽게도 우리나라 극작가는 한 명도 이름을 올릴 수 없었던 점은 두고두고 미련으로 남을 것이다.

20인의 극작가들은 다섯 가지의 범주로 유형화를 시도했다. 작가의 창작 철학이나 작품의 경향, 극작 활동의 성격 등에 따라 임의로 분류한 것인데, 정형화·공식화하기에는 무리가 있지만 사조나 유파에 따른 분류에 비해 극작가들을 좀 더 입체적으로 이해할 수 있을 것이다. 딱딱한 용어보다 풀어쓴 해석이 다소 친숙한 접근을 허용하는 것도 장점이라면 장점이다.

끝으로 이 글들에 인연의 생명줄을 선사한 김주연 님과 이 책이 나오도록 애써주신 살림출판사 가족들에게 감사의 말씀을 전하며, 삶의 가치에 뒤늦게 눈뜨게 해준 아내 최나영과 갓 세상 빛을 본 딸 백하린에게 이 책을 헌정한다.

이성의 폐허를 횡단한 부조리의 순례자들

사무엘 베케트(Samuel Beckett, 프랑스)

⟨작가연보⟩

1906년 아일랜드 더블린 출생

1937년 고향을 떠나 프랑스 영주

1953년 「고도를 기다리며」 초연

1969년 노벨문학상 수상

1989년 의사 진료를 거부하고 존엄사로 생을 마감

의미에 저항하라

'논리'는 단순하고 명료하다. 깔끔하고 정갈하다. 인류의 역사는 카오스 덩어리인 이 세계를 논리로 재구성하려고 시도했지만 그 심연은 역시나 비논리, 혹은 초논리이다. 논리의 피하질은 여전히 부조리이다. 예를 들어 신의 존재증명이나 삶의 궁극적 목적, 인간 본성 등에 대해서 우리의 논리는 여전히 젬병이다. 침묵이나 사변을 능가하는 논리는 여전히 발견·발명되지 않았다. 20세기에 와서 상황은 더 악화된다. 논리의 앞잡이인 언어는 제 무능력을 변호할 길이 없었고, 언어로 밥벌이하는 문학은 불치병에 걸렸다. 실존주의와 부조리 문학은 이성을 등에 업고 호가호위하던 논리에 철퇴를 날린다. 그 논리의 주검 위에 삶의 관조를 희원하는 거대한 표지석이 놓여졌다. 바로 '사무엘 베케트'라는 이름의 거석이다.

20세기를 양분한 걸작, 「고도를 기다리며」

체호프부터 다닐 하름스, 브레히트, 피란델로 등에 이르기까지 20세기 들어 전통극의 형식을 파괴하고 새로운 극언어를 창조한 많은 모험가가 존재했지만, 사무엘 베케트처럼 형식과 내용에서 '완성된 해체'를 선보인 작가는 없었다. 베케트의 분신처럼 간주되는 「고도를 기다리며」가 그 파격적인 혁신성만큼이나 많은 후일담을 몰고 다닌 것은 당연한 일이다. 「고도를 기다리며」는 1949년 초에 집필되었지만 이 해괴하고 반(反) 연극적인 작품을 공연해줄 극장을 도통 찾을 수가 없었다. 평생을 함께한 동반자 수잔느 드슈보-뒴스닐과 함께 파리 시내를 헤매고 다녔지만 모두 고개를 설레설레 저었다. 그러다 연출가 로제

블랑과의 극적인 만남으로 상연의 기회를 갖게 되는데, 인물도 적고 무대도 간단해서 돈이 적게 든다는 이유 덕분이었다. 전후 연극의 판도를 180도 바꿔버린 이 걸작은 4년 동안 우여곡절을 거친 후에야 빛을 보게 된다.

삶의 부조리, 부조리한 삶

베케트는 20세기 연극사를 「고도를 기다리며」 이전과 이후로 양분한 위대한 극작가이긴 했지만 그의 개인적 성격은 내성적이고 폐쇄적이었다. 어릴 때부터 친구들과 어울리지 못했고 자폐증 환자처럼 우울하고 불안정했다. 완벽주의자인 어머니의 과도한 욕심과 채근은 그의 성격에 더 짙은 음영을 드리웠다. 사람들이 몰려들 것을 염려하여 「고도를 기다리며」의 초연도 보지 않고 시골로 도망치는가 하면, 모래 더미에 묻히는 중년 여성이 등장하는 「행복한 나날들」을 집필할 때는 기자들을 피해 호텔방에 칩거하기도 했다. 1969년 노벨상 수상 발표 무렵에는 아예 아프리카 튀니지로 도피휴가 중이었고, 스톡홀름 수상식은 참석조차 거부한다. 1989년 12월 그의 사망 소식이 전 세계에 타전된 시각은 이미 비밀장례식이 끝난 후였다. 예민하고 비사교적인 성격을 대변해주는 앙상한 그의 육신은 마지막 순간까지 의미를 지우고 부조리를 엮어내는 일에 몰두했던 것이다.

의미에 저항한 전사

의미 없는 유희가 무의미하게 무한 반복되는 상황을 그린 「유희의 끝(1956년)」에서처럼 베케트는 우리의 삶을 의미 있게 만들어온 모든 가치 및 척도와 결별한다. 하지만 '논리'적으로 말하자면 베케트의 부조리는 의미를 배반하고 의미와 이격된 다기보다, 의미를 포섭하고 초월하는 새로운 가능성의 영역을 제시한다. 의미로 위장한 삶의 군더더기를 벗어던지고 존재 자체의 '생얼'로 관객과 대면하는 것이다. 누추하고 볼품없지만 그 맨얼굴은 거역할 수 없는 인간의 본질이다. 19세기형 정극이 화려하게 펼쳐 보이는 감정과 사상의 활극은 없지만 베케트의 극은 인간의 내면을 집요하게 응시하게 하는 마력이 있다. 스포트라이트만 비추면 좋든 싫든 대사를 뱉어내야 하는 삼각관계 연인들의 「연극(1963년 초연)」, 지난 삶을 회고하는 세 명의 동창생이 등장하는 「왔다 갔다(1966년)」나 오직 입 부위만 노출된 주인공이 자기 삶의 편린을 15분 만에 쏟아내는 「난 아냐」 등 그의 대표작들은 절제와 여백이 지배하는 동양화나 자기 성찰을 추구하는 참선 행위를 닮아있다. 물론 세계에 버려진 흉물처럼 존재하는 인간 군상들과의 독대는 잔혹한 시간이다. 내면의 응시는 지루하고 집요한 자기 성찰은 피곤하다. 베케트에게 '의미'는 이 순간을 회피하려는 자들의 자기변명에 불과하다. '의미 없는 의미'에 저항하는 베케트의 형상은 그래서 수난자, 구도자를 닮아있다.

고요했지만 격렬했던 예술가

그렇다고 베케트를 지독한 염세주의자나 매몰찬 옹고집으로 착각하는 것은 금물이다. 수잔느와의 연애담은 그가 결코 폐기할 수 없었던 유일한 의미는 사랑이 아니었을까 하는 짐작을 하게 한다. 1938년 베케트는 걸인의 우발적 공격으로 심장 근처에 자상을 입는다. 이때부터 지극정성으로 간호한 수잔느와 가까워지고 그 사랑은 평생을 간다. 목숨을 건 레지스탕스 활동도 함께했으며, 냉각기가 없던 것은 아니지만 베케트가 유명세를 탄 이후에도 실과 바늘처럼 늘 함께 다녔다. 재산관리 문제로 그들이 합법적 부부가 된 것은 1961년, 수잔느가 61세, 베케트가 55세 때였다. 1989년 7월 수잔느가 노환으로 사망하자 기다렸다는 듯 겨울 녘에 베케트도 영면에 든다. 그의 부조리한 삶이 생사라는 불멸의 논리 속으로 편입되는 순간이다. 이후 그들은 파리 몽파르나스 묘지에 합장 된다.

그의 문학 세계는 논리의 틈에 침투하여 삶의 속살을 까발리는 하나의 위대한 사건이며, 수천 년 이어져 온 이성중심주의의 몰락을 기록한 찬연한 기념비였다. 우리는 여전히 그 기념비 주변을 서성인다. 그곳을 떠나야 할 의미(를 설명할 언어)를 아직도 찾지 못했기에.

쟝 쥬네(Jean Genet, 프랑스)

〈작가연보〉

1910년 사생아로 출생

1942년 「사형수」 집필

1947년 「하녀들」 발표

1986년 작은 호텔에서 홀로 사망

고독의 지문들

1942년 프레슨 교도소에서 복역 중이던 쟝 쥬네는 인쇄기술이 있는 감방동료의 도움으로 「사형수」란 장시를 자비 출판한다. 자신의 동성애인을 살해한 죄로 사형당한 모리스 필로르쥬를 기리는 이 시는 순식간에 사회적 논란을 야기했다. 연이어 발표된 후속작 「장미의 기적」 「노예선」 「퍼레이드」 등도 이 논란에 기름불을 끼얹었다. 절도, 신분증 위조, 탈옥, 탈영 등 범법행위를 밥 먹듯 하고, 초등학교 외에는 정규교육을 받아본 적이 없는 이 수형자는 순식간에 프랑스 문단의 '앙팡 테리블(쟝 콕토의 소설명)'로 등극했다. 쟝 콕토는 이 프랑스 문학의 '보물'을 구명하기 위해 팔방으로 뛰어다녔고, 사르트르는 『세인트 쥬네(1952년)』란 책으로 그를 성인처럼 추앙했다. 백조가 된 미운 새끼오리의 얘기가 아니다. 오히려 쟝 쥬네는 평생을 저주받은 오리의 운명으로 살았다. 그의 지독한 외로움과 고독이 지문처럼 담긴 희곡들이 그것을 증명한다.

뿌리 없는 삶

쥬네는 1910년 파리 빈민구제국 소속의 작은 병원에서 태어났다. 어머니는 창녀였고 아버지는 누군지도 몰랐다. 어머니는 출산 후 얼마 안 있어 쥬네를 빈민구제시설로 보냈고, 1919년 독감에 걸려 서른 나이로 요절한다. 생후 7개월 때부터 보호시설에서 양육되던 쥬네는 곧 파리 인근의 시골가정으로 입양된다. 영특한 머리와 글재주로 초등학교를 우수한 성적으로 졸업한 쥬네가 첫 가출을 한 것은 14살 때였다. 이때부터 형무소에서 마지막으로 석방되는 1944년까지 쥬네의 파란만장한 청년기가 펼쳐진다. 가출과 절도가 이어지고, 수감과 탈옥이 반복됐다. 교화원에서 벗어나기 위해 시작한 7년여의 군 생활도 결국 탈영으로 종결된다. 유럽 전역을 떠돌며 남창, 절도, 거지, 마약밀매 등 안 해본 일이 없을 정도로 탄탄한 밑바닥 생활을 거쳤지만 그의 가방엔 항상 원고 뭉치가 가득했다. 의지할 뿌리가 없는 고립무원의 외로움, 사생아의 피 속에 유전자처럼 각인된 도벽의 천형, 괴팍하고 불안정한 성격에서 유래한 충동적 역마살 등 그의 본성은 실패자의 저주로 가득 찼지만 그의 혀만은 잠시도 쉼 없이 반역의 언어들을 풀어냈던 것이다. 만약 장 콕토와 사르트르 등 40여 명의 프랑스 문화계 최고 지성들이 종신형의 위험에 빠진 그의 석방을 위해 대통령에게 집단탄원서를 제출하지 않았다면, 그래서 그의 범죄충동이 글쓰기의 충동을 압사시켜 영원히 떠돌이로 살 처지였다면 그의 혀는 금방 굳어져 버리고 말았을 것이다. 그의 글쓰기는 외로움의 천형에 대한 필사적인 저항이었으며, 그의 혀는 그 고통의 강도만큼 처절하게 고독의 언어를 뿜어냈다.

아픈 만큼 깊이를 가진 「하녀들」

펜 끝에서 불을 뿜듯 쏟아져 나오는 그의 절규는 저주를 씻기 위한 신성한 제의였고, 고통을 망각하기 위한 격렬한 몸부림이었다. 이 젊은 쥬네의 고통과 저주를 코끝에서 느낄 수 있는 작품이 마님에 대한 적의와 절망을 극화한 「하녀들」이다. 널리 알려졌듯이 「하녀들」은 한때 프랑스 사회를 들썩이게 했던 '빠뺑자매 사건'을 소재로 한 작품이다. 20대 두 자매가 7년 동안이나 일하던 집의 여주인과 딸을 살해한 후 자기네 방에서 동성애를 즐기다가 발각된 이 사건은 잔인하고 대담한 범행 자체도 충격적이거니와 범죄 심문 과정에서 이 자매들이 철저한 침묵으로 일관하는 바람에 더더욱 의문에 휩싸인 사건이었다. 모녀를 살해할 정도로 끓어올랐던 두 자매의 알 수 없는 적의와 피할 수 없는 운명의 올가미 속에서 그 절망을 침묵으로밖에 표출할 수 없었던 그 처연함이 쥬네를 강하게 자극했다.

주인마님이 외출하고 없는 밤, 솔랑쥬와 클레르 두 자매는 마님을 향한 질투심과 동경에서 역할놀이를 벌인다. 마님이 된 클레르는 표독스럽고 이기적이며, 솔랑쥬는 짐승처럼 굽실거리며 모멸을 감수한다. 마님의 갑작스러운 귀가로 놀이가 잠시 중단되고 이들은 실제로 마님을 죽이려고 음모를 꾸민다. 마님이 나간 후 다시 하녀들의 놀이가 시작되고 수면제가 든 차를 마신 클레르는 쓰러져 죽는다.

욕망과 실제 사이의 괴리, 지배자에 대한 동경과 증오의 이중감정, 현실과 환상의 뒤엉킴 등 「하녀들」이 설정하는 상반된 가치의 충돌은 고통스럽고 안타깝다. 그 기원이 무의식적 욕망이든, 정치 사회적 병리 현상이든 「하녀들」의 차가움과 쓰라림이 쥬네의 인생편력에서 쥐어짜 낸 피망울진 고름 덩어리임은 부인할 수 없는 사실이다.

인생, 바람처럼

스스로도 아팠거니와 항상 사회의 아픈 곳에 자신의 살갗을 대고 있었기에 쥬네의 삶은 절규와 울분으로 가득했다. 약자에게 폭력을 행사하는 경찰에 핏발을 세워 저항했으며, 이민자를 차별하는 프랑스 당국과도 격렬하게 부딪쳤다. 미국의 쿠바 간섭을 반대하는 모임에 참가하고, 남아공 인종차별에 항의하는 선언에 참여하는가 하면 미국의 월남전 참전에 대해서도 강한 어조로 규탄하는 등 반전운동에도 열성이었다. 5월 혁명 (1968년 5월 프랑스에서 학생과 노동자들이 연합하여 벌인 대규모의 사회변혁운동) 때는 회갑을 앞둔 노령에도 학생운동 지도자였던 다니엘 콩방디와 함께 시위대열에 가담했고, 이스라엘을 침략자로 규정하고 팔레스타인의 해방운동을 지지했으며 직접 팔레스타인에 가서 아라파트를 격려하기도 했다.

쥬네의 작품상연을 막기 위해 프랑스 정부와 우파들의 노골적인 방해공작도 없지 않았다. 상류층 인사들의 유곽 출입을 내용으로 하는 「발코니」는 초연 이후 4년간이나 공연허가가 나오지 않았고, 프랑스와 식민지 알제리의 대립을 극화한 「병풍」을 공연했다는 이유로 국립극장은 국가 보조금 삭감조치를 당했다. 일부 극우파가 깡패를 동원하여 쥬네 작품이 공연되던 극장을 에워싸며 행패를 부린 일화도 유명하다.

쥬네는 평생 프랑스 시민권을 가지지 않았으며 프랑스인이 누릴 수 있는 어떤 권리도 영위하지 못했다. 그는 축복 없이 이 세상에 와서 한 번도 평온과 안식을 누리지 못하고 그저 이방인처럼 사라졌다. 그의 죽음도 마찬가지. 파리의 작은 호텔에서 죽음을 맞이한 것은 1986년 4월 15일, 태어나서도 혼자였고 죽을 때도 그는 혼자였다.

에우제네 이오네스코(Eugene Ionesco, 프랑스)

〈작가연보〉

1909년 루마니아 출생

1939년 파리 정착

1950년 「대머리 여가수」 초연

1960년 「코뿔소」 상연

1994년 파리에서 사망

잃어버린 언어를 찾아서

제2차 세계대전 직후 파리를 중심으로 희한한 연극이 등장하기 시작했다. 별다른 줄거리나 갈등도 없고 인물들은 왠지 비정상적이며 그들이 하는 말과 행위도 이해하기 어렵거나 그저 장난처럼 느껴졌다. 쟝 주네의 「하녀들」, 이오네스코의 「대머리 여가수」, 아다모프의 「크고 작은 계략」, 보티예의 「바다대장」, 베케트의 「고도를 기다리며」 등이 그것이었다. 이들은 번듯한 선언문이나 일정한 강령을 채택한 것은 아니지만 반(反) 연극의 기치 아래 공동전선을 형성했다. 이오네스코(루마니아), 아다모프(아르메니아), 베케트(아일랜드)가 외국인이라는 것도 이들의 색다름을 더욱 도드라지게 하는 요인이었다. 파리 골목의 소극장에서 탄생한 이른바 부조리극 1세대들 중 이오네스코는 누구보다 열성적으로 이 반연극에 앞장섰다. 웃음과 눈물이 뒤섞이고 장난과 심각함이 함께 어우러진 희곡을 통해 그는 베케트와 함께 부조리극의 기수로 등극하게 된다.

'반연극'의 대표주자

반연극은 한마디로 아리스토텔레스의 「시학」에 대한 거부였다. 「시학」이 강조한 인물의 일관성과 사건의 논리성은 절대 훼손되어선 안 될 연극의 반석이었으나 반연극은 바로 이 아킬레스건을 집요하게 물어뜯었다. 반연극에서 인물의 말과 행동은 헛소리나 광기에 가까웠고, 뜬금없고 맥락 없는 플롯(plot)은 연극에 대한 명백한 전복이자 저항이었다. 당연히 기성 평단에선 발끈했고 한편에선 연극의 영토 확장이라고 환영했다. 조롱과 비웃음이 지배적이었던 평단 흐름을 열광적 성원으로 몰아넣은 것은 분명 베케트의 「고도를 기다리며」가 거둔 대대적 성공 덕분이었지만 '반연극'이란 도발적 용어를 공공연히 부제로 사용한 이오네스코의 「대머리 여가수」가 사실상 최고의 공신이란 점에는 이의를 제기할 수 없다.

타락한 언어의 시대

실존주의와 마찬가지로 반연극적 부조리극도 두 차례에 걸친 세계대전의 참화를 체험한 유럽인들의 반성적 사유에 기인한 면이 크다. 기성권력과 기성예술에 대한 불신과 반항심은 반연극의 자양분이었고, 결국 이들의 비판의식은 이성과 언어에 대한 회의에 도달하게 된다. 보통 언어나 이성은 모든 사람이 평등하게 공유하는 공공재인 동시에 아무런 권력관계가 개입되지 않은 중립적 개념이라 여겨졌지만, 부조리극 작가들의 생각은 달랐다. 언어란 노예들(피지배계급)이 주인(지배계급)의 명령을 알아듣게 하기 위한 도구였으며, 이성은 계급 간의 불평등과 모순이 당연하고 자연스럽다는 것을 논증하기 위한 수단이었다. 독일 민중을 마취시킨 히틀러의 나치즘이 그랬고 그 배경으로 기능한 서구제국주의 부르주아들이 그랬다. 타락하고 오염된 언어와 이성을 폐기하고 그 참되고 진정한 의미를 복원시키는 과제가 절박했다.

언어는 주체다

반연극 주창자 이오네스코의 처방은 가차 없었다. 말은 의미가 지워진 소리 현상에 불과했고 행동은 따분하고 즉흥적이었다. 모순이 득세하고 인물의 존재감은 빙점 이하로 가라앉았다. 주체성은 사라지고 껍데기만 남게 된다. 평범한 중산층 소시민의 가정을 무대로 소환한 「대머리 여가수」는 제목부터 모순적이다. 본문에서 딱 한 번만 언급될 뿐 여가수가 극에서 할당받은 의미의 몫은 전혀 없다. 스미스 부부가 나누는 대화도 판에 박힌 동시에 전혀 맥락이 없다. 무의미한 일상적 대화를 순서 없이 마구 섞어 짜깁기한 느낌이다. 외출 후 돌아온 하녀 메리나 이들을 방문한 마틴 부부도 마찬가지다. 특히 부부이면서도 서로 부부인 줄 알아차리지 못하는 마틴 부부는 주체의 상실은 곧 관계의 상실임을 토로하는 이오네스코의 참담한 심정을 전해준다. 나치즘에 대한 독일 민중의 광신을 풍자한 「코뿔소」는 실제로 루마니아에서 겪은 이오네스코 자신의 체험을 토대로 창작되었다. 대학교수를 비롯하여 친구들이 독일 나치들이 퍼뜨린 폭력과 인종차별의 마수에 걸려들자 이오네스코는 이들에 저항하며 홀로 고통스러운 싸움을 감수한다. 이때 자신의 일기에 적어둔 갈등상황이 훗날 「코뿔소」로 재현된 것이다. 마을 사람들이 하나둘씩 괴물 같은 코뿔소로 변해버리는 상황에서 홀로 인간으로 남으려는 주인공 베랑제의 투쟁을 희비극으로 그리고 있다.

공포를 통한 정화

언어에서 의미가 증발하고 인간이 그 언어를 지배할 수 없게 되었을 때 발생하는 폐해는 심각했다. 그의 극이 항상 공포나 고통 속에서 종결되는 것도 이 때문이다. 논리적 구성과 이성적 언어를 거부하지만 이오네스크의 극에는 명백한 극적 긴장, 혹은 점층되는 감정의 응축이 존재한다. 「대머리 여가수」에서 '광분의 절정'에 도달하는 주인공들의 고함, 「수업」에서 죽음을 향해 치닫는 고통의 점층, 점점 쌓이는 의자들 속에서 꼼짝달싹 못하게 되는 노부부의 처지(「의자들」) 등 강압적이고 잔혹하며 비극적인 느낌을 야기하는 대단원이 항상 극의 말단에 도사리고 있다. 비록 전통극의 긴장과는 상이하지만 이 숨 막힐 듯한 압박감과 답답함은 언어와 이성이 파괴된 현대인에 대한 엄중한 경고이다. 이것이 어찌 부조리하지 않을 것인가!

해롤드 핀터(Harold Pinter, 영국)

〈작가연보〉

1930년 영국 런던에서 유대인 재단사 아들로 태어남

1957년 처녀작 「방」 「생일파티」 집필

2000년 「축하파티」

2005년 노벨문학상 수상

2008년 12월 24일 사망

부조리의 진창에 핀 연꽃

2008년 연말 노벨 문학상 수상 극작가 해롤드 핀터가 78세를 일기로 영면에 들었다. 그의 타계 소식이 전파를 탄 직후 이스라엘의 팔레스타인 침공이 시작됐고 어린이를 포함한 수백 명의 시민이 순식간에 학살당했다. 핀터는 유대인 출신이었지만 이스라엘의 침략전쟁과 무력외교를 강하게 비판해온 양심적 지성이었다. 생전에 부조리작가로 불리는 걸 거부한 그의 진심은 납득할만하다. 미국의 비호와 국제사회의 외면 하에 자행되는 이 어처구니없는 학살 사태를 어떻게 멀쩡한 이성으로 이해할 수 있을까. 광기 어린 폭력과 공포 서린 부조리가 판치는 이 세상을 있는 그대로 재현했다는 점에서 그는 진정한 리얼리스트였던 셈이다.

부조리─이성의 자유, 혹은 자유의 이성

부조리극작가로 분류되는 해롤드 핀터를 논리의 언어로 해석하는 것은 그야말로 '부조리'하다. 부조리는 '이성적 세계'와의 날이 선 대립에 토대하기 때문이다. 한편으로 부조리는 이성을 능가하고 논리를 초월한다. 흔히 부조리를 이성의 빈틈이나 이성의 아류로 생각하지만, 이성을 전제하고 이성 너머를 다루기 때문에 부조리의 영역은 이성보다 크고 넓다. 이성만이 세계의 주인이라 믿는 사람에게 부조리는 열등하고 미련해 보이겠지만, 이성의 경직을 순화하고 그 한계를 극복한다는 점에서 부조리는 이성의 감옥을 벗어난 해방을 의미한다. 그 해방 속에서 억압을 극복할 자유와 불의에 저항할 용기가 직조된다. 핀터의 부조리는 이성의 파괴자나 적대자가 아니라 이성을 구원하고 완성하는 진정한 자유의 메시지이다.

현대인의 불안을 진단하다

핀터의 인물들은 하나같이 불안한 주체들이다. 가족이든 친구든 신뢰할 만한 사람도 없고 항상 지배와 종속의 불평등한 구조에 시달리며 갑자기 출현한 이방인에 의해서 유·무형의 폭력을 당하는 인물들이다. 처녀작 「방」에서 로우즈는 알 수 없는 이유로 극심한 불안감에 싸이게 되는데, 결국 그 내면의 불안 증세는 실명이라는 외상으로 표출된다. 1971년 초연되어 큰 화제를 불러 모았던 「생일파티」의 스탠리는 정부기관에서 나온 듯한 사람들의 강압과 위협 때문에 벙어리가 되어버린다. 「귀향」에서 테디는 아내 루스를 고향 집에서 몸을 팔도록 내버려두고 떠나버린다. 부부간의 질투심을 소재로 한 「정부」에서 부부관계를 유지하는 동력은 상호불신이 야기하는 성적 쾌락이다. 이처럼 핀터의 주인공들은 정체성도, 주체성도 없이 마냥 흔들리는 존재이며 인간관계나 사회성도 박탈당한 고립무원의 개체들이다. 이들이 주로 활동하는 방이라는 폐쇄적 공간도 여유와 평온의 안식처가 아니라 그들의 피폐한 영혼이 물리적으로 육화된 공간에 불과하다. 「방」과 「벙어리 웨이터」의 지하실 방이나 「관리인」의 창고 같은 공간은 생기 잃은 유령들이 기거하는 거대한 관과도 같은 곳이다.

이 부표 같은 인생들은 끊임없이 초조함과 불안, 공포에 시달린다. 개인의 능력으로는 해결할 길 없는 이 거대한 불안감의 근원은 어쩌면 소년 핀터가 겪었던 제2차 대전의 참상일지도 모른다. 밤마다 울려 퍼지는 야간폭격소리와 소문처럼 들리던 유대인 홀로코스트(Holocaust)의 공포가 이 어린 유대 소년의 정신에 지울 수 없는 불안의 내상을 가했음이 틀림없다. 느닷없는 이방인의 방문과 이에 과민반응하는 주인공들의 행위 배면에는 한 치 앞을 내다보지 못하게 만든 전쟁의 공포와 반유대주의에 대한 무의식적 분노가 아로새겨져 있는 것이다.

휴머니즘을 신뢰한 양심적 지성

핀터는 자신의 작품 성향을 무 자르듯 재단하는 것에 반대했기에 '정치적 작가'라 불리는 것도 싫어했다. 작품의 주제를 정치적 은유로 해석하는 것도 사양했다. 징집을 거부해 재판까지 받은 반전주의자이면서도, 또한 미국의 베트남 침공을 강하게 비판하고 전 세계의 양심수 석방을 위해 서명운동을 벌이면서도 자신이 정치권력에 의해 이용당하는 것을 꺼렸다. 하지만 1985년 아서 밀러와 함께 터키를 방문했을 때 고문과 폭력의 현장을 목격한 후 그의 입장은 완전히 달라진다. 자신의 정치적 성향을 자인하고 적극적 정치활동을 마다치 않게 된다. 미국의 이라크 침공이 "강도짓이자 노골적인 국가테러행위"라고 강도 높게 비난한 것도 이후의 일이다. 폭력에 대한 타고난 거부감이 만든 후기작이 바로 「최후의 한잔」과 「산골 사투리」이다. 상류층의 정치적, 도덕적 무책임을 질타한 「파티 타임」과 신흥 졸부들의 허위와 가식을 꼬집은 「축하파티」 등이 그 뒤를

잇는다.

그의 타계를 애도하며

기존의 연극 문법과 다른 낯선 발화법을 가진 핀터의 부조리극은 두 차례의 대량 살상전과 기나긴 냉전을 체험한 20세기 정신적, 심리적 지형도를 정확하게 모사하고 있다. 대량살육과 집단폭력으로 얼룩진 지난 100년은 현대인의 심리 근저에 공포와 불안의 상흔을 깊이 각인시켜 놓았다. 핀터의 극에서 감지되는 답답함과 초조함은 현대인의 심리 상황이며 그 주인공들의 공허한 몸부림은 우리들의 자화상이다. 주인공들이 갇힌 그 숨 막히는 밀실은 눅눅하고 냄새나는 실존의 막장이며, 삶의 무의미를 등 뒤에 끼고 생존의 배수진을 친 질척한 전장이다.

핀터는 자신의 죽음에 대한 애도조차 허용하지 않았다. 가자 지구에서 자행된 이스라엘의 민간인 학살은 순식간에 그의 죽음을 잊히게 했다. 그가 그토록 혐오했던 야만적 폭력이 죽음의 의미까지 침탈해버렸다는 점에서 그의 서거는 세상에 던진 마지막 부조리였다. 이성이 지배하는 세계가 한 짓이라곤 전쟁과 폭력과 착취밖에 없다면, 천박한 이성에 포박되지 않고 거짓 논리에 굴복하지 않는 그의 부조리는 마치 진창 속에 피어난 한 송이 연꽃이라 불러 마땅하다.

인간존재의 의미에 천착한 지적 탐험가들

장 폴 사르트르(Jean Paul Sartre, 프랑스)

⟨작가연보⟩

1905년 파리 출생

1943년 「파리떼」 발표

1946년 「무덤 없는 주검」 완성

1964년 노벨문학상 받나 거부

1980년 파리에서 사망

실존으로 나아가라

신은 목적과 의도를 가지고 인간을 창조했다. 인간이라는 어떤 총체적 형상에 대한 밑그림을 그린 후에 구체적 제작에 돌입한 것이다. 전자를 본질이라 일컫고, 후자를 실존이라 명한다. 인간의 본질은 신의 구상 속에 존재하고, 그런 연후에 세계 속에 실존하게 된다. 한마디로 본질에 따라 실존이 확정되는 것이다. 따라서 인간 실존은 그 본질인 신의 섭리를 추종해야 한다. 하지만 사르트르는 그 반대를 말한다. "실존이 본질에 선행한다!" 신은 부재하기 때문에 본질은 중요치 않다. 모든 것은 인간의 실존에 달려있다. 그래서 실존은 자유롭다. 하지만 어떤 의지처도 없으므로 실존은 자유라는 형벌에 처한 존재이다. 스스로 길을 내고 각자의 실존을 완성해야 한다. 인간만이 인간의 미래인 것이다.

연극, 인간, 실존

내일이면 당신은 총살을 당한다. 그 전에 아군의 위치를 폭로하면 목숨을 부지할 수 있다. 당신은 사선을 넘나드는 고통스러운 고문을 견딜 수 있는가? 죽음을 각오하고 비밀을 지킬 수 있는가? 고문 중에 적들을 골탕먹이려고 아무 장소나 말했는데, 우연히 아군이 그곳으로 이동하다가 모두 체포되었다면 당신은 결국 배신자 아닌가. 자신의 목숨보다 동지들의 안전을 중시했다면 당신은 어떤 식으로 그 책임을 질 것인가.

사르트르는 이런 식이다. 그의 드라마 속에서는 절체절명의 위기상황이 발생하고 주인공들은 끊임없이 선택의 기로에 서게 된다. 그렇다고 정답이 있는 것은 아니다. 그 선택들은 항상 딜레마를 상정한다. 그래서 사르트르의 극들은 불안하고 불편하다. 갈등은 봉합되지 않고 해결책은 양가적이다. 극장 문을 나설 때는 마음이 무겁다. 간이 덜 된 음식처럼 메슥거리고 급체에 걸린 듯 거북하다. 사르트르가 갈등 해소를 거부했기 때문이다. 그는 사회와 집단의 모순을 고발하되 그것을 해결하려하지 않았다. 사르트르는 인간이란 결핍의 존재이며, 그 결핍을 발견하고 보충하려는 존재라고 생각했다. 극작가의 역할이란 해결되지 않는(혹은 될 수 없는) 사건을 보여주고 관객으로 하여금 그 나머지 부분을 채우고 완성하게 하는 것이다. 관객에게 각성과 실천을 유도한다는 점에선 브레히트의 연극론과 맞닿아있다. 갈등의 해소보다 사르트르가 더 중시한 것은 갈등의 재현 방식에 있었다. 무대 위의 사건이 관객들 앞에 생생한 현실로 제시되고, 주인공들이 처한 한계상황이 마치 지금 막 발생한 것처럼 거친 생동감을 가져야 한다. 또한 인간(의 삶)이 그렇듯이 모호함과 예측 불가능성을 견지해야 한다. 결코 감정이나 몰입이 관객을 압도해선 안 된다.

실존은 어떻게 '실존'하는가

그의 철학이 항상 실천을 요구했던 것처럼 그의 연극 또한 사회적 각성과 윤리적 실천을 지향하고 있다. 연극은 개인이 세계와 만나는 과정이 아니라 세계 속에 있는 개인을 또렷이 드러내는 방식이다. 자신을 밖으로부터 바라보게 하는 것이며 진정한 자유와 사회 속에서의 책임을 발견하게 되는 과정이다. 사르트르는 감정이입을 차단하고 사태를 객관적으로 보는 가장 좋은 방법은 신화를 차용하는 것이라 판단하여 최초의 희곡 「파리떼」를 집필한다. 그리스 신화 중 아버지 아가멤논의 복수를 감행하는 오레스테스 이야기에서 따온 「파리떼」는 복수 자체보다 복수 결심 과정과 그 결과에 천착하고 있다. 제2차 대전 중 독일에 대한 저항의식을 고취하는 목적도 있지만 드라마의 정확한 주제는 진정한 자유의 문제이다. 주인공 오레스테스는 국민이 진정한 자유를 체득하지 않고 지배당할 자유, 강요된 자유만 누린다면 왕위에 오를 가치가 없다면서 자유의 길을 떠난다. 전후 집필된 「무덤 없는 주검」은 사르트르 자신의 레지스탕스 체험에 바탕을 두고 있다. 부역자들에게 잡힌 레지스탕스 당원들은 절대 조직의 비밀을 누설하지 않기로 결의한 후 동요하는 어린 프랑수아를 집단살해한다. 고문을 견디며 대아(大我)를 수호한 것은 대아가 더 중요하기 때문이 아니라 자신의 선택에 대한 책임을 지기 위한 것, 즉 철저하게 개인의 문제라는 점을 강조한다. 집단이 부여하는 의무나 윤리는 결코 개인의 실존을 능가할 수 없다는 사르트르의 지론이 고스란히 드러난다.

한 지식인 혁명가의 비극을 그린 「더러운 손」도 집단논리와 개인의 인간적 존엄이라는 사르트르의 핵심 화두를 풀어내고 있다. 가상 국가 일리리아의 해방을 위한 진보정당 간의 투쟁을 배경으로 하는 이 드라마는 이상과 현실, 목적과 수단 간의 딜레마를 절묘하게 교차시킨다. 공산주의 이상에 매료된 한 지

27

식인 청년 위고는 당 지도부의 명령으로 정적 에드레르를 암살하지만 상황이 바뀌자 당 조직이 에드레르의 노선을 그대로 추종하는 것을 보고 결국 죽음을 선택한다. 객관적 상황과 주관적 원칙 간의 심원한 모순과 순수한 이상주의와 융통성 있는 타협주의 간의 대립이 극의 긴장을 이끌어간다.

1964년 사르트르는 노벨 문학상 수상을 거부한다. "모든 공적인 훈장과 명예를 거부하는 것이 내 원칙"이라 천명했지만 노벨상이 부르주아들의 잔치이며, 문학을 등급화시키고 제도에 편입시킨다는 것이 실질적인 거부 이유였다. 베르나르 앙리 레비의 말대로 사르트르는 그 자체로 하나의 국가였다. 20세기 지식인의 전형이었고 프랑스의 대표적 정신이었다. 그는 항상 자유를 위해서 행동했고 자신의 양심대로 실천했다. 그에게 연극은 문학적 실천의 대상이었다. 이 위대한 철학자가 희곡을 썼다는 것은 연극에겐 더할 나위 없는 축복이었고, 예술은 그 대가로 그에게 자유의 영혼을 주었다.

알베르 카뮈(Albert Camus, 프랑스)

〈작가연보〉

1913년 알제리 출생

1930년 가난으로 폐결핵 발병

1938년 「칼리굴라」 집필

1957년 노벨 문학상 수상

1960년 교통사고로 즉사

벌거벗은 실존

계속 굴러떨어지는 바위를 평생 산정으로 밀어 올려야 하는 불행한 신 시지프, 맹목적이고 무의미한 천형을 감내해야 하는 시지프의 운명은 절망과 저주의 레테르였다. 고통과 비애의 땀방울로 축축이 젖은 그의 얼굴에서 인간 존재의 본질을 발견한 사람이 카뮈였다. 삶의 무의미와 인간 실존의 부조리를 설파한 카뮈의 사상은 천기누설과도 같았다. 유일한 철학적 주제는 '자살'뿐이라는 그의 논리는 실제로 청년들의 자살 기도로 이어졌을 정도로 과격했다. 하지만 표피적 이해를 넘어 그의 사상에 조금 더 가까이 다가간다면 그 천기누설이 삶을 향한 강렬한 열정에서 비롯됨을 깨닫게 된다. 그가 남긴 네 편의 희곡(「칼리굴라」「오해」「계엄령」「정의의 사람들」)은 그 열정을 구성하는 4색 퍼즐이다.

카뮈, 그 부조리

전쟁과 가난, 기아, 그리고 평생 그를 괴롭힌 병마까지 카뮈의 삶은 고난의 연속이었다. 태어나자마자 제1차 세계대전을 겪어야 했고 아버지의 전사 때문에 빈민촌을 전전해야 했으며, 그 덕에 각혈을 동반한 폐결핵으로 늘 죽음의 언저리를 배회해야 했던 삶. 느닷없는 교통사고로 갑작스레 절명한 그의 최후는 어쩌면 기승전결이 딱 들어맞는 한 편의 드라마 같기도 하다. '어차피 죽게 마련인 삶을 왜 구태여 살아야 하는가?'라는 질문이 카뮈 철학의 화두라면, 그가 끊임없이 토해내야 했던 각혈들과 그 못지않은 고통으로 써내려간 희곡들은 그 질문에 대한 절절한 응답이었다. 4편의 희곡 모두 해방과 구원을 위해 백척간두의 사선에 서는 주인공이 등장한다는 점에서 카뮈의 그 '응답'은 모든 가식을 벗어버린 인간 실존의 처절한 혈서에 다름 아니다.

"나는 반항한다, 고로 존재한다."

"나와 내 또래 사람들은 1차 세계대전의 북소리를 듣고 자랐고 이후 우리의 역사는 살인, 거짓, 혹은 폭력의 연속이 되어버렸다." 카뮈의 지적은 정확했다. 살육과 상잔이 지배한 20세기라는 '극단의 시대'는 세계가 합리적인 원리와 규칙에 의해서 운영된다는 환상을 단박에 파괴시켰다. 부조리하고 적대적인 이 세계 속에서 생존하는 유일한 길은 세계와 담을 쌓고 돌아앉는 것이었다. 세계가 조화와 평온을 줄 것이라는 망상을 버리고 실존의 자율성을 지켜내는 것이 카뮈가 말하는 '반항'과 '자유'이다. 그의 희곡에서 등장하는 인물들이 하나같이 주변세계에 '반항'하고, 자유를 찾다가 실존의 딜레마에 빠지는 것도 그 때문이다. 희대의 폭군 칼리굴라(희곡 「칼리굴라」)가 불멸과 행복을 찾기 위해서 끊임없이 고뇌하는 철학자로 변모하는 것도 이런 맥락이다. '끔찍스러운 고독' 속에 빠진 인물 칼리굴라는 세계의 원리와 격률을 거부하고 초월적 존재가 되고자 신에게

도전장을 내민다. 필멸의 존재인 인간은 신의 장난으로 인해 지상에 잠시 동원된 광대일 뿐이기에, 칼리굴라는 자신도 신과 같은 장난을 칠 수 있다는 사실을 증명하기 위해 온갖 야만을 서슴지 않는다. 사람을 죽이고 패륜을 자행하는 칼리굴라의 잔혹 행위는 결국 그가 감당하고 있는 고통의 크기를 보여주는 쓰라린 상징이다.

아들을 독살시킨 어머니의 자살을 다룬 희곡 「오해」 또한 세계에 대한 위악적 '반항'을 표현하고 있다. 허름한 여인숙을 운영하는 마르타와 그녀의 어머니는 지긋지긋한 가난에서 벗어나기 위해 투숙객을 살해·유기하고 금품을 갈취한다. 하지만 자신이 독살한 투숙객이 20년 전 가출한 자기 아들임을 알게 되자 어머니는 고통에 못 이겨 자살을 선택한다. 세상은 죽으라고 만들어진 것일진대 안락한 죽음은 오히려 축복이라고 생각하는 어머니는 제 자식을 죽인 후에야 자신의 욕망이 얼마나 헛된 것인지 깨닫는다.

러시아 황제 가족을 암살한 혁명주의자들을 그린 「정의의 사람들」은 정의와 인간애가 결코 양립할 수 없다는 딜레마를 보여준다. 다수의 행복을 위해서는 무고한 희생도 불가피하다는 스테판과 목적이 수단을 정당화하지 않는다는 칼리아예프 간의 논쟁은 이 세계가 결코 해소될 수 없는 '부조리' 위에 서 있음을 증명한다. 스승 장 그르니에를 통해 자신의 불행을 승화시킬 '문학'이라는 숨구멍을 발견한 카뮈였기에, 「정의의 사람들」에서도 그의 철학은 고스란히 드러난다. 프랑스 식민지였던 알제리 빈민굴 출신인 카뮈는 파리 문단의 귀족적 분위기에 깊은 소외감을 느끼고 있었다. 한편 레지스탕스 운동을 할 정도로 진보적 열혈 전사였지만 폭력을 동원한 알제리 독립은 반대하는 '모순'을 보여주기도 했다. 결국 이 때문에 진실한 친구이자 동지였던 사르트르와 결별하게 되지만 "인간과 행동과 작품이 조화를 이루는 존재"라는 사르트르의 평가처럼 그의 작품들과 실천은 일관되게 부조리 철학을 지향했다.

연극적인, 그래서 너무나 인간적인

카뮈는 자신의 의지와 무관하게 어떤 배역이든 맡아야 하는 배우처럼 인간도 원치 않는 배역을 떠맡은 '부조리의 존재'라고 생각했다. 그래서였을까, 카뮈는 연극 무대에서만 유일하게 행복을 느낄 수 있었다고 고백한 바 있다. 직접 극단을 창단하기도 했고 평생 극장 활동을 쉬지 않았다. 자신의 공연에 펑크를 낸 배우가 있으면 언제든지 대역을 맡을 수가 있을 정도로 뛰어난 연기력을 과시했고, 항상 유쾌한 유머와 흉내로 동료를 즐겁게 해주었다. '카뮈'라는 실존이 감당하고 있는 삶의 무게에서 잠시 벗어날 수 있기에 극장은 카뮈에게 수도원과 같았다. 따라서 극장은 환상의 공간이 아니라 삶 자체보다 훨씬 더 진실한 공간, 딱딱한 실존의 자리에서 잠시 내려와 허구라는 예술의 소파에 쉴 수 있는 해방구였다.

인류의 지독한 불행과 고통의 총량을 줄이는 데 한몫하고 싶었던 말년의 카뮈에게 시지프는 더 이상 불행의 대명사가 아니었다. '정상으로 나아가려는 투쟁' 자체만으로도 시지프는 행복한 존재였다. 시지프의 바위는 부조리한 세계와 결별하고 자기 내부에서 주체적으로 용솟음치는 삶의 열정에 투신할 것을 명령하는 거룩한 성상이었던 것이다.

알렉산드르 밤필로프(Александр Вампилов, 소련)

⟨작가연보⟩

1937년 러시아 출생

1966년 「유월의 이별」 발표

1970년 「오리사냥」 완성

1972년 「출림스크에서의 지난여름」 집필. 바이칼에서 익사

1960년대의 주어, 밤필로프

1937년은 그 무시무시한 스탈린 대숙청이 정점에 이른 시기였다. 30여 년에 이르는 스탈린 장기독재기간 동안 약 2천만 명이 숙청당하는데 1937년은 유난히 그 정도가 심했다. 연해주에 살던 고려인 18만여 명이 중앙아시아로 강제이주된 것도 이때였다. 소수민족에 대한 잔인한 횡포가 횡행하던 시대였다. 이 두 사건은 묘하게도 밤필로프의 운명과도 무관하지 않다. 1937년은 그가 태어난 해이고 소수민족 인텔리였던 아버지가 간첩혐의로 누명을 쓰고 사형된 연도는 이듬해였다. 스탈린 희생자의 유가족과 소수민족이라는 레테르는 아이러니하게 밤

필로프의 드라마를 성공하게 만든 중요한 키워드가 된다. '반동분자'의 자식이란 딱지는 그의 창작 속에 기성세대와의 단절과 권위 부정의 씨앗으로 승화되었다. 저주와 멸시의 낙인이 새로운 시대정신을 상징하는 표상이 된 것이다.

천형을 빛으로 바꾸다

소련의 결속과 단합을 위해 소수민족을 악랄하게 탄압한 스탈린도 사실은 이민족 출신이었다. 현재는 러시아와 전쟁을 벌일 정도로 관계가 악화된 그루지야가 그의 고향이었다. 스탈린은 민족의식을 가진 이민족 지식인은 모조리 숙청해버렸다. 이르쿠츠크 지역 학교의 몽골계 교장이었던 밤필로프의 아버지도 그 마수에 걸려들었다. 간첩죄가 그 죄목이었다. 그의 아버지는 소명기회도 주어지지 않은 채 이듬해 사형되고 스탈린 사후 19년 만에 무죄로 복권된다. 스탈린 시대에 시골 도시에서 '인민의 적'으로 사는 것은 그야말로 가시덩굴을 껴안고 지내는 것과 같았다. 친척들로부터도 철저히 무시당하면서 헐벗고 굶주려야 하는 것이 역적 집안의 숙명이었다.

대학에서부터 밤필로프는 필력을 과시하기 시작한다. 대학신문과 지역신문에 유머러스한 단편을 기고하기 시작하면서 그의 창작열은 본격적으로 점화된다. 졸업 후 지역잡지사에 취직하지만 그의 재능을 아까워한 잡지사 편집장은 그를 모스크바로 보내 전업작가의 길에 들어서도록 도와준다. 우여곡절 끝에 고리키 문학연구소의 창작과정을 수료하는데 이 시기에 「유월의 이별」을 집필한다.

시베리아 벽촌 출신의 촌닭이 중앙문단에서 두각을 나타내는 것은 그리 쉬운 일이 아니었다. 1966년 밤필로프의 영웅이자 당대 대표적 극작가였던 아르부조프의 지원 하에 「유월의 이별」이 상연되어 꽤나 대중적 인기를 끌었지만 다른 극장의 입장은 여전히 신중했다. 1970년 무렵엔 전국에서 여덟 군데의 극장이 「유월의 이별」을 상연했는데도 여전히 모스크바에서는 냉담했다. 조금 더 뜸을 들일 시간이 필요했던 것이다. 그 사이에 밤필로프는 「오리사냥」과 「출림스크에서의 지난여름」을 완성한다. 1970년과 1972년의 일이다. 그리고 1972년, 드디어 「유월의 이별」을 필두로 모스크바 공연이 속속 성사된다. 밤필로프의 나이 35세, 무명생활 6년 만에 그의 인생에 무지개가 피어오르기 시작한 것이다. 역적죄로 가세가 풍비박산 난 집안의 막내아들이 한 마리의 백조로 거듭나는 순간이었다. 밤필로프에게 1972년은 그렇게 인생역전의 신화가 쓰이던 해였다. 뜨거웠던 그해 여름 직전까지는 말이다.

나쁜 아버지의 나쁜 자식들

스탈린 사후, 소위 '해빙기'라 부르는 시기에 극작 활동을 시작한 밤필로프는 누구보다도 격렬하게, 그리고 정확하게 시대를 꿰뚫어 보았다. 스탈린을 꼭지로 해서 가부장적 독재국가로 변질된 소련은 '거대한 아버지'인 스탈린의 부재를 일종의 트라우마로 견뎌야 했으며, 해빙기의 새로운 문화 또한 변방에서

35

생성된 비주류 문화가 대세였다. 부성부재와 변방의식이라는 1960년대 멘탈리티는 밤필로프가 천형처럼 내재화시켰던 문제였다. 그의 펜 끝에서 1960년대를 대표하는 인간들이 하나둘씩 튀어나왔다. 그들은 새로운 문화의 담지자였고 고상한 영적 세계를 갈구하는 유형들이었으나 결정적으로 아버지 없음, 혹은 절대적 신념의 부재를 견뎌야 했다. 진리의 세계, 아버지의 세계는 붕괴되었고 그걸 대체할 새로운 가치는 나타나지 않았다. 초기작인 「천사와의 20분」에서 인물들은 자신의 청렴함을 증명하기 위해 몸부림칠 수밖에 없었고, 「장남」에서 부시긴은 새로운 아버지를 찾아 거리를 헤맨다.

「오리사냥」에서 나쁜 아버지이자 나쁜 아들인 질로프는 끊임없이 자신의 과오를 기억해내야 한다. 그 고통스러운 회상의 과정 후에 추악하고 혐오스러운 자기 정체에 직면했을 때 그는 총을 꺼내 들고 자살을 시도한다. 이것은 나쁜 아버지 스탈린에 대해 참회를 요구하는 자식들의 반란과도 같다. 어떤 의미에서 해빙기는 스탈린 독재에서 깨어나 숙취에 시달리던 생채기의 시기였다.

밤필로프란 구원을 잃다

밤필로프는 신의 존재를 불신하는 자신에 대해서 심각할 정도의 실망감을 감추지 않았다. 신의 구원조차 가능하지 않다면 어떻게 이 세상을 견딜 것인가. 그래서 그의 주인공에게는 종교적 신념이 제공하는 정신적 강인함이 박약하다. 부자간의 유대도 없고 세대 간의 화합도 불가능하다. 가족 간의 정신적 관계는 파괴되어 있으며, 그들은 이별하거나 갈라설 수밖에 없다. 그들의 집은 소련이라는 거대한 집에 다름 아니다. 헤어지고 불화를 겪는 상실과 부정의 공간 말이다.

그 집에서 밤필로프의 삶도 그리 오래가지 않았다. 한참 인기몰이를 시작하던 1972년, 밤필로프는 불의의 사고를 당하게 된다. 그의 35번째 생일 이틀 전, 친구와 함께 보트를 타고 바이칼 호수에 몸을 실었다. 그리고 배가 갑자기 뒤집혔고 그는 다시 물 위로 올라오지 못했다. 소련은 브레즈네프란 무능하고 고지식한 아버지를 양부로 맞았고 이를 기점으로 해빙기는 끝을 맺는다. 밤필로프가 없는 소련은 청년기를 상실한 채 겉늙어버린 조로의 땅이었다.

프리드리히 뒤렌마트(Friedrich Dürrenmatt, 스위스)

〈작가연보〉

1921년 스위스 베른 출생

1952년 「미시시피 氏의 결혼」 발표

1955년 「노부인의 방문」 집필

1990년 심장마비로 사망

인간, 신에게 저항하다

문학평론가 아도르노는 "아우슈비츠 이후 서정시를 쓰는 것은 야만"이라고 울부짖었다. 인간을 번호표로 대체하고 과학실험을 위한 모르모트(marmotte: 실험용 쥐)로 전락시킨 그 추악한 광기 앞에서 예술이 서정적 아름다움을 읊조리는 것은 후안무치(厚顔無恥)라는 것이다. 예술은 아름다움을 포기하고 스스로 추해지기로 결심한다. 부조리와 모순, 역설과 반어, 무표정한 이죽거림으로 자해를 일삼는 현대예술은 참회와 고해성사의 방편이 되어버렸다. 뒤렌마트의 극세계는 뒤집히고 일그러진 전후세계의 표정을 기발한 설정과 신랄한 어조로 그려내고 있다. 브레히트 이후 최고의 독일어권 작가라는 명성은 일말의 과장도 없는 정확한 평가이다.

포연 뒤에 남은 삶이라는 폐허

취리히 출신 막스 프리쉬와 함께 스위스 독일어 문학계를 양분한 뒤렌마트는 피폐해진 전후 독일 문학에 구원자와 같은 존재였다. 영세 중립국 지위 덕에 제2차 대전의 포화를 면한 스위스는 상대적으로 예술활동이 자유로웠고, 이 시기 대학을 다니며 필력을 축적해온 뒤렌마트는 혜성처럼 등장해 독일 문단을 복구시켰다. 그렇다고 그의 문학이 포연을 씻어내는 감로수나 현실의 고통을 위무하는 향미주인 것은 아니었다. 신에 대한 불신을 드러내고 인간이 진정 자유로울 수 있는가 되묻는 그의 극작 세계는 그 자체로 이미 쓰라리고 따끔했다. 역설적인 논리와 그로테스크한 정서가 지배하는 그의 희곡들은 인간의 야욕과 광기가 빚어낸 아픈 상처를 여실 없이 드러냈다. 로마를 멸망시키기 위해 스스로 로마 황제가 되는 로무로스(「로무로스 대제」), 장남만이 진실을 볼 수 있다고 역설하는 「장님」, 살인죄에 대한 처벌로 결혼을 명령하는 「미시시피 氏의 결혼」, 돈으로 정의를 사겠다고 나서는 짜카나시안 부인(「노부인의 방문」) 등은 전쟁 때문에 불구가 된 인간영혼의 부조화를 폭로하는 뼈아픈 상징들이다.

정녕 저희를 버리시나이까!

아버지가 개신교 목사였음에도 뒤렌마트는 신의 권능을 인정하지 않았다. 어린 시절부터 신에 대한 경외감이 부족했고 대학에서도 쇼펜하우어와 니체를 탐닉했다. 비관적이고 반골적인 그의 기질은 조부 울리히 뒤렌마트의 영향이었다. 언론인이자 정치가였던 그의 할아버지는 유명한 풍자시를 쓰기도 했는데 어린 뒤렌마트는 그 시들을 줄줄 외우면서 문학적 소양을 키웠다. 삶과 죽음을 가르는 첨예한 갈등 상황에서도 풍자와 기지가 피어오르고, 비극적 진지함이 순식간에 허무하고 쓰디쓴 웃음으로 탈바꿈하는 것도 조부의 풍자시가 남긴 축복이었다. 하지만 무엇보다 그의 문학 세계를 관통하는 가장 큰 문제의식은 신이 축조한 이 세계의 모순과 그에 대한 적대감, 그리고 신과 인간 사이의 깊은 괴리에 있었다.

세 명의 이상주의자를 통해 인간구원의 가능성을 타진하는 「미시시피 氏의 결혼」은 뒤렌마트의 세계관과 종교관이 완성된 형태로 제시된다. 각각 법, 혁명, 종교를 구원의 수단으로 절대

화하는 세 주인공은 과도한 집착과 과장 때문에 자멸할 수밖에 없는 한계를 지닌 인물들이다. 고통과 순교를 위해 살인자와 결혼을 하는 미시시피를 비롯하여 생클로드, 위벨로에 모두 이념의 노예가 되어 신의 장난에 놀아나는 꼭두각시에 불과하다.

뒤렌마트를 세계적 지성으로 부각시켜준 작품 「노부인의 방문」은 돈으로 정의를 구매한다는 황당한 설정이 인상적이다. 젊은 시절, 실연의 상처 때문에 짐승처럼 변해버린 억만장자 짜카나시안 부인은 고향으로 금의환향하여 시민을 대상으로 흥정한다. 자신을 버린 옛 애인 일(Ⅲ)을 죽게 만들면 거액의 발전기금을 내놓겠다는 것. 일의 죽음으로 종결되는 이 드라마는 인류의 지고한 가치인 '정의'라는 것이 돈에 팔려갈 수 있다는 암울한 결론에 도달한다. 정의와 자유로 대변되는 '세계질서'는 한갓 허구에 불과하고, 인간은 에덴동산 이후 유혹을 극복할 수 없는 원죄를 타고난 존재라는 것이 이 작품이 던지는 메시지다.

정점에 도달한 뒤렌마트의 필력이 그려낸 또 하나의 금자탑은 세계구원을 향한 어떤 몸부림도 자멸의 공식에서 벗어날 수 없다는 우울한 전망을 던지는 「물리학자들」이다. 자신의 연구성과가 인류를 파멸시킬 수 있다는 사실을 깨달은 뫼비우스는 스스로 자신을 정신병원에 감금시킨다. 자신의 정체를 알아낸 간호사 모니카를 어쩔 수 없이 살해한 후 더 큰 살육을 막기 위한 불가피한 선택이었다고 자신을 정당화한다. 하지만 어이없게도 여의사에 의해 뫼비우스의 연구성과가 고스란히 유출되고 만다. 스스로 자유를 박탈하고 살인까지 자행했지만 인간의 운명을 지배하는 '우연'의 법칙은 결코 피해 갈 수 없다. 신은 뫼비우스의 선한 의지를 결코 허용하지 않으며 결국 세계구원의 구상은 세계파멸로 이어진다. 세계는 이미 신에 의해서 그런 식으로 '구조화'되어 있는 것이다.

신에게 버림받은 인간 존재

왕성했던 1950~1960년대 전성기가 지나가자 뒤렌마트는 더 이상 주목할 만한 희곡을 생산하지 못한다. 하지만 사회활동에는 더 적극적이어서, 1968년 소련이 체코를 침공했을 때(두브체크 정권의 '프라하의 봄')는 막스 프리쉬, 귄터 그라스 등과 함께 강력한 항의운동을 펼치기도 한다. 그의 반전사상은 아들에게도 계승되는데 신학을 전공하던 아들은 군 복무를 거부하여 4개월 동안 철창신세를 지기도 한다. 1970년대를 지나자 그의 염세주의 사상은 더욱 더 강화되었고 냉소적이고 고립된 주인공이 그의 드라마를 장식한다. 신에게 버림받은, 혹은 신의 무능에 의해 모순을 존재 깊이 각인하고 태어난 뒤렌마트의 주인공들은 동시대 관객들과 점점 더 유리되어갔다. 드라마들이 연이어 실패를 거듭하자 1977년엔 드라마란 장르가 자신의 이념을 표현하기에 적합하지 않다며 희곡 절필 선언을 하고 주로 산문 집필에만 몰두한다. 한편으론 미술가가 되고 싶다는 젊은 시절 꿈을 놓지 못하고 몇 차례 전시회를 개최하기도 한다. 그의 그림들은 주로 세계몰락의 순간이나 신의 분노를 그로테스크하게 표현하고 있다.

평생 신에게 저항하고 신이 만든 세상의 부조리를 폭로했던 뒤렌마트가 신이 하사한 오랜 지병인 심장병으로 신의 품에 안긴 것은 1990년 12월 14일의 일이다.

피터 셰퍼(Peter Shaffer, 영국)

〈작가연보〉

1926년 5월 15일 영국 리버풀 출생

1973년 「에쿠우스」 초연

1979년 「아마데우스」 공연

1992년 「고곤의 선물」 집필

잃어버린 낙원의 마지막 제관

피터 셰퍼의 희곡은 무겁다. 풍자적 색채가 섞인 초기극과는 달리 후기로 갈수록 진중하고 묵직한 철학적 테마가 지배한다. 또한 격렬하다. 인물들은 고통에 겨워 '죽도록', '미치도록' 몸부림친다. 그래서 뜨겁다. 불꽃 튀는 충돌과 마찰은 눈부신 섬광을 뿜어내고 그 열기는 고스란히 관객에게 전달된다. 무대와 객석이 융화된 고대집단극을 꿈꾸던 「고곤의 선물」의 주인공 담슨처럼 셰퍼는 실향민 처지가 된 이 시대의 연극을 사수하는 최후의 제관이다.

피터 셰퍼, 20세기 연극사의 마침표

'날카로운 첫 키스의 추억' 같은 강렬한 통각이 있어야 시가 나온다. 반면 소설이 무르익으려면 두터운 원고지를 빼곡히 채울만한 수다가 장전돼야 한다. 이와 달리 희곡은 쇳물을 쏟아낼 만한 뜨거운 혀와 독사의 맹독도 잠재울 날선 펜을 겸비해야 나온다. 시보다 들떠도 안 되고 소설처럼 늘어져도 안 되는 것이 희곡의 중용이다. 바꿔 말하면 희곡은 시의 미세한 전율에도 못 미치고 소설의 구수한 입담에도 중과부적이다. 시처럼 현미경이 될 수도 없고, 소설처럼 망원경도 될 수 없는 게 희곡의 운명이다. 눈앞에 걸친 것 없이 그냥 제 시력으로 세상을 보고 운을 떼야 하는 것이 희곡의 팔자이다. 거기서 연극의 동시성과 현장성이 나온다.

이러한 희곡의 규범을 따졌을 때 그 으뜸에 오는 20세기 작가가 피터 셰퍼이다. 시처럼 과장하지 않고 소설처럼 수다스럽지도 않지만 그의 희곡들은 '지금, 여기'에 있는 사람들을 꼼짝못하게 감금한다. '지금, 여기'라는 법칙은 단순히 시공간의 현장성만을 의미하는 게 아니다. 주인공의 상황과 처지를 나의 것으로 실시간 체험하는 것, 그리고 이런 공체험을 통해 깨달음과 반성의 기회를 갖고 삶의 진정한 의미와 가치를 반추하는 것. 셰퍼의 극에서 갈등폭발 순간의 설렘과 긴장은 시적 관능만큼 살 떨리고 쉼 없이 티격태격, 옥신각신하는 설전은 장터 이야기꾼 못지않다.

시적 서정과 소설적 서사를 동시에 성취했다는 장점은 그의 대표작들이 갖는 구성적 특징과도 밀접하게 연관된다. 그가 초기 극작부터 견지한 최소인물의 원칙, 즉 3~4명의 핵심 인물군에 갈등을 농축시킨다는 점과 그를 일약 세계적 스타로 만든 작품들에 등장하는 '내레이터'의 존재가 그것(「에쿠우스」의 다이사트, 「아마데우스」의 살리에리, 「고곤의 선물」의 헬렌 등)이다. 숨겨진 진실의 폭로자이자 비밀의 유일한 목격자, 그리고 주인공의 가장 강력한 경쟁자이자 조력자로 설정된 내레이터는 개체적 정서(서정)와 사건의 광장(서사)이 교차하는 길목에 서 있다.

신에 대한 사랑과 분노: 「에쿠우스」와 「아마데우스」

셰퍼에게 세계적 명성을 안겨준 작품 「에쿠우스」는 정신과 의사 다이사트가 말의 눈을 찌르는 야만적 행위를 범한 한 소년의 정신적 비밀을 캐는 과정을 그리고 있다. 엄격한 금욕주의자인 아버지와 광신도인 어머니 밑에서 자란 17세 소년 앨런은 혈관이 불뚝 튀어나온 근육질의 말에게서 완벽한 자유와 원시적 야성미를 체험하는 동시에 고삐에 묶인 말의 고난에서는 인류 구원을 위해 책형을 당하는 예수의 이미지를 목격한다. 다이사트는 앨런과의 대화를 통해 말의 눈을 찌른 행위가 위선적 금욕주의와 맹목적 광신으로부터 자유로워지기 위한 투쟁의 결과였음을 깨닫게 된다. 셰퍼는 신분과 연령을 초월한 주인공들의 격론을 통해 현대인이 장식처럼 걸치고 다니는 교양과 문명의 거적이 구속과 억압에 불과함을 폭로하고, 진정한 인류의 구원은 순수하고 진정한 인간성을 복원하는 데에 있다고 역설

한다.

모차르트의 암살설을 토대로 집필한 「아마데우스」는 예술과 인간구원의 문제를 접목시킨다는 점에서 셰퍼 예술의 정점에 보다 근접하고 있다. 신의 축복이 한순간에 저주로 뒤바뀐 질투의 화신 살리에리의 고백록은 예술의 본질과 예술가의 존재에 대해 근원적인 질문을 던지고 있다. 비록 부수적 주제이긴 하지만 예술적 재능과 품성의 관계는 우리에게도 여전히 미결의 숙제로 남아있다. '아름다움이 세상을 구원할 것'이란 도스토예프스키적 예언과 달리 "아름다움을 창조하는 예술가 자신이 추악하고 경박할 때, 그가 세계를 구원할 수 있을까? 혹은 그가 구원한 세계는 살만한가?"라는 질문은 여전히 '친일작가의 위대한 명작'이란 모순어법이 존재하는 우리에겐 깊이 곱씹어볼 문제의식이다.

연극의 죽음선고: 「고곤의 선물」

순수한 예술적 도취와 극단적 나르시시즘을 추구한다는 점에서 피터 셰퍼의 최근작이자 최후작인 「고곤의 선물」은 역시 셰퍼 극작술의 정수라 할 수 있다. 자신의 극작 원칙을 실천하기 위해 자살을 선택할 수밖에 없었던 한 극작가의 격렬한 삶을 회고하는 「고곤의 선물」은 내용도 심오하거니와 세 층위의 현실세계가 푸가식(式)으로 반복·변주되는 극의 구성도 절묘하고 중층적이다. 관객과 배우가 혼연일체로 융화되는 제의적 연극을 추구하는 극작가 담슨은 카타르시스와 희열이 넘쳐나는 고대비극의 판타지를 복구하기 위해 비극의 정수인 극단성과 비장미를 전경화 시킨다. 고대비극에서처럼 과격하고 가차 없는 복수만이 세계를 정화하는 유일한 정의이자 드라마적 긴장의 핵심이라고 주장하는 담슨의 극작품에는 폭력이 횡행하고 피가 낭자하다. 하지만 자신의 시도가 대중에게 인정받지 못하자 방황을 거듭하게 되고, 아내 헬렌의 삶을 망쳤다는 죄책감 때문에 결국 자신이 추구한 비극 정신에 입각하여 스스로에게 복수를 행하고 만다. 희랍비극 같은 완벽한 글쓰기가 영생불멸의 길임을 믿는 담슨의 비극적 파멸은 잃어버린 연극시대에 대한 향수이자 동경이며, 인문학이 죽고 예술이 죽어버린 이 무미건조한 세계에 대한 예술가의 절규이자 복수이다. 스스로 사라짐으로써 현대인들이 잃어버리고 사는 것들의 목록을 떠올리게 하는 그의 자살은 이 시대 최후의 제관이 범부들에게 '선물'한 위대한 희생제의라 할만하다.

"연극은 죽었다!"라는 극 중 담슨의 대사처럼 「고곤의 선물」은 셰퍼의 절필 선언서와도 같다. 작가의 모든 역량을 동원해 그 역량의 무모함을 보여준다는 점에서 셰퍼의 메시지는 뜨거우면서도 아프다. 연극을 불멸의 종교로 삼은 이 망구(望九)의 극작가에게 "다시 한 번 더 추악한 괴물 고곤이 되어 주십시오."라고, 우리에게 마지막 '선물'을 달라고 조르는 것은 너무 잔인한 짓일까.

무대형식의 혁신을 일군 당당한 전사들

루이지 피란델로(Luigi Pirandello, 이탈리아)

〈작가연보〉

1867년 이탈리아 시칠리아 출생

1921년 「작가를 찾는 6명의 등장인물」 집필

1934년 노벨 문학상 수상

1936년 로마에서 사망

나는 가면이다, 고로 존재한다!

인간의 삶을 한마디로 요약하면 '생로병사'일 것이다. 태어나
고 죽는 이 불변의 진리 앞에서는 존재의 형이상학이나 유전

자의 영속성을 강변하는 생물학, 혹은 환생을 신봉하는 윤회설조차도 그저 변명이나 사변에 불과하다. 거스를 수 없는 이 생사의 법칙은 삶이란 드라마의 유일한 대본이며, 그 단역배우인 우리는 결코 이 울타리를 넘어서지 못한다. 구체적 대본 없이 오직 역할만 주어진 채 삶이라는 무대 위로 호출당한 등장인물 인간! 어찌 보면 허망하고 안쓰럽다. 시작과 끝이 명백한 이 삶의 드라마는 비극일까 희극일까. 행여 쓴웃음과 실소만이 상처처럼 남게 되는 어이없는 해프닝은 아닐까. 어느 날 갑자기 무대 위로 호출된 우리네 삶의 풍경을 엿보고 싶다면 즉시 피란델로를 펼쳐야 할 것이다.

희곡으로 세상에 물음표를 그리다

피란델로는 부유한 가정에서 태어났다. 유황광산을 운영하는 아버지 덕에 모자람 없는 교육을 받을 수 있었고, 문학박사가 된 후 그의 손에 쥐어진 펜도 밥벌이를 위한 것이 아니었다. 하지만 만사가 그렇듯이 세상사는 뜻대로 돌아가는 법이 없고, 운명은 항상 장단도 없이 미쳐 날뛰기 마련이다. 1903년 갑작스러운 산사태로 양가가 투자한 광산은 순식간에 폐쇄되고 피란델로 집안은 졸지에 거리로 나앉게 된다. 불행은 늘 복수형으로 무리지어 다니지 않던가. 대학강사 생활과 개인교습으로 생계를 꾸려가던 피란델로에게 생활고 못지않게 고통스러운 사건은 아내의 정신병이었다. 파산의 충격에서 헤어나지 못하던 아내 안토니에타는 피해망상증과 정신착란증으로 고통받기 시작했고 그 증세는 나날이 심해졌다. 제1차 대전에 참전 중이던 장남 스테파노가 포로로 잡혀 5년 동안 고초를 겪은 사건도 피란델로의 심사를 어지럽힌 고난이었다. 매일 같이 아내의 광기를 접해야 했고, 아들의 생사조차 보장할 수 없는 그 불면의 환란 속에서 피란델로의 주옥같은 희곡들이 본격 상자 되었다는 사실은 그의 극작이 세상을 향한 신음 섞인 질문이었다는 것을 방증한다. 인간이란 무엇이며 진실과 허위는 어떻게 다르고 정상과 광기는 어디서부터 갈라지는가!

그들은 작가를 찾을 수 있을까?

인간은 죽는 날까지 수없는 역할을 수행한다. 신분이나 직위의 변화로 기존 역할을 철회하고 새로운 역할을 맡기도 한다. 때로는 주어진 역할의 수행력이 부족해서 도태되는가 하면 경직된 역할 고수로 인생의 패착을 범하기도 한다. 대저, 삶이란 수많은 역할의 가면을 쓰고 거기에 자신의 실존을 몰입시키는 가면 놀이에 다름 아니다. 내 실존을 훑고 갔던 그 무수한 가면, 그리고 앞으로 내 영혼을 호위할 수많은 가면이 바로 '나'이고 '나의 삶'이다. 피란델로의 이름을 고전의 반석에 올려준 명작 「작가를 찾는 6명의 등장인물」은 연극이라는 예술적 가면 놀이를 삶 자체의 원리로 돌파하려는 자들의 하소연이다. 태아라는 가면에서 시작하여 망자의 연기로 공연을 마감하는 것이 인간의 삶이기에 이 여섯 인물은 자신에게 삶의 가면을 씌워줄 작가를 요구하려고 극장을 찾는다. 자신의 삶을 무대 위에서 실시간으로 영위하려는 인물들! 연극 공연은 그들 삶의 형식이고, 무대는 영원한 생명을 하사하는 거룩한 성전이 된다. 그들에게 '작가'는 자신의 삶을 문학적 방식으로 표현해줄 창조자이자, 일그러진 삶의 부정합을 드라마적 문법으로 교정해줄 위대한 주술사이다.

가상과 실제의 현상학

예술이 삶을 흉내 내는 것인지, 삶이 예술을 사는 것인지 분간할 수 없는 이 요지경의 경관은 가면의 윤리학을 다루는 「여러분이 그렇다면 그런 거죠」에서도 비슷하게 변주된다. 인생에 절대적 진실은 없으며 그 본질이란 그저 배역 할당의 연속이라는 피란델로의 생각은 가면의 정체성이 윤리적으로 정당화될 수 있다는 지점에 도달한다. 딸 리나의 죽음을 받아들이지 못하는 프롤라 부인은 사위 폰자의 후처 줄리아를 리나로 착각하면서 살아간다. 프롤라 부인을 위해 리나 역과 후처 역을 기꺼이 수행하는 줄리아는 삶의 참의미를 아는 윤리적 인간이다. 물론 이 정신 분열적 가면 놀이에서 길을 잃는 이도 존재한다. 자신을 황제라 착각하는 한 광인의 이야기를 다룬 「엔리코 4세」는 16년간 아내의 광기를 보듬고 살아간 피란델로의 체험이 예술로 승화되는 지점에 위치한다. 이때 광인이란 타인의 가면을 완벽하게 소화해낼 수 있는 이상적인 배우이며, 정상이라 불리는 자들의 경직된 규격품 가면을 조롱하는 거울이 된다. 사랑 때문에 죽는 낭만적 여성을 연기하는 간호사 에르실라

(「벌거벗은 마스크」)의 비극적 최후도 환상과 현실의 경계에 선 인간 존재의 모순을 애잔하게 그리고 있다.

삶의 무대에 내던져진 피조물의 가면이란 실상 새로울 것도, 낯설 것도 없다. '나'란 고정불변의 가면은 애초에 존재하지 않는다. 태초에 창조자의 가면을 쓴 신 이외에 확고하고 유일한 가면이란 허상에 불과하다. 내가 쓴 가면은 언젠가 누군가의 가면이었고, 이미 문명의 손때가 짙게 배어 들어간 닳고 닳은 것이다. 그 가면을 벗었을 때 인간의 맨얼굴은 텅 빈 공허이다. 왜냐면 그 가면은 인간의 상상력으로 빚은 예술적 조형물이기 때문이다. 믿기지 않는다면 역시 피란델로란 가면을 만나는 수밖에 없다.

베르톨트 브레히트(Bertolt Brecht, 독일)

〈작가연보〉

1898년 독일 바이에른 출생

1928년 「서푼 짜리 오페라」가 대성공을 거둠

1933년 히틀러를 피해 독일 탈출

1939년 「사천의 선인」 「억척 어멈과 그 자식들」 집필

1956년 사망

브레히트라는 위대한 서사극

인간에 대한 지극한 애정으로 충만했던 브레히트에게 억압

과 착취를 서슴지 않는 자본주의와의 전면전은 불가피했다. 1956년 심장마비로 사망하는 순간까지 그의 삶과 문학은 약자의 보호와 빈자의 변호에 바쳐졌다. 그 신념에 대한 대가는 혹독했다. 히틀러의 탄압으로 '신발보다 자주 나라를 바꾸며' 유럽을 떠돌기도 했고, 1941년 미국으로 망명한 후에는 항상 FBI의 감시를 받아야 했으며, 매카시 선동정치에 의해 반미행위조사위원회에 소환되는 수모도 겪어야 했다.

'시학' 체계의 위대한 반란자

서양의 2천 년 철학이 플라톤의 주석에 불과하다면(화이트 헤드), 예술영역의 원전은 당연히 아리스토텔레스의 「시학」이 될 것이다. 특히 기승전결로 매듭되는 그의 희곡 구성법은 인간의 흥미를 유발하는 가장 효과적 전략이라는 것이 20세기 초 구조주의의 발견이었다. 인간의 심리와 정신활동을 자극하는 최적화된 이야기 구조를 탐구했다는 점에서 아리스토텔레스야말로 인류 최초의 인지공학자라 불릴 만하다. 하지만 2천 년 넘게 이어져 온 이 연극 공학은 '20세기'라는 되바라진 돌부리에 걸려 꼬꾸라지고 만다. 흥미를 매개하여 허구 속으로 몰입을 유도하는 전통극은 새로운 세기의 변화된 환경에 제대로 적응할 수 없었다. 무엇보다 전통극이 상정하는 완결된 세계상이 문제였다. 발단 → 위기 → 대단원으로 이어진 폐쇄된 소우주는 모순과 투쟁이 난무하는 외부세계와는 어울리지 않았다. 무대 위에선 갈등이 해소되고 긴장이 이완되었지만 현실 세계는 여전히 미결의 난제들이 산적했다. 무대는 현실을 반영하기는커녕 현실을 일그러뜨리고 생략하고 지워나갔다. 당연히 반동이 발생했다. 연극은 반영과 모방이라는 예술의 영역을 뛰어넘어 사회 변혁의 최전선으로 호출되었다. 무대는 일과 후의 휴식과 오락을 위한 여흥 거리가 아니라 현실의 문제를 토론하고 거리의 논쟁을 미학적으로 탐구하는 격전지가 되었다. 2,000년 「시학」 체제가 밑동부터 흔들리기 시작한 것이다. 바로 그 정점에 브레히트란 위대한 이름이 위치한다.

자본주의의 폐해에 눈 뜨다

브레히트가 극작을 시작한 1910년대 말은 산업 자본주의의 폐해가 극에 달하던 시기였다. 초기작 「바알」 「남자는 남자다」 등에서 허무주의적이고 무정부적인 색채가 강하게 드러나는 것도 이에 말미암는다. 독일 사회의 첨예한 갈등과 모순에 몸부림치던 브레히트는 자본주의라는 기괴한 괴물이 개인과 집단의 운명을 쥐고 흔드는 어둠의 그림자라는 사실을 깨닫는다. 자본주의 사회는 파렴치한 속물 집단으로 간주되고(「서푼 짜리 오페라」), 대도시의 풍경은 타락의 도시 소돔을 연상시켰으며(「마하고니市의 흥망성쇠」), 헤어날 수 없는 자본의 함정은 피가 낭자한 도살장에 버금갔다(「도살장의 성 요한나」).

서사극, 그 진실에 대한 경외

브레히트의 이름을 연극사에 깊게 부조시킨 일등공신은 무엇보다 그의 독특한 연극미학이라 할 수 있다. 기법으로서 '소외효과'와 장르로서 '서사극'으로 대변되는 그의 연극론은 연극적 환상을 중시하는 환상주의(illusionism)에 대한 거부에서 출발한다. 관객이 극 환상에 몰입하는 것을 차단하고 객관적이고 분석적 입장을 견지하도록 유도하는 것이 그 요체. 이를 위해 객석의 조명을 켜고 공연을 진행하거나 막간 무대를 공개하여 무대가 설치되는 장면을 노출하기도 하고, 배우들이나 영사막이 줄거리를 요약해주는 방식을 사용하기도 한다. 전통극과 전혀 다른 이 '소외효과' 기법은 잊혀지고 지워진 진실에 시선을 돌리게 하기 위한 일종의 충격요법이라 할 수 있다.

이러한 서사극의 궁극적 목표는 관객의 수동성을 타파하고 진실에 보다 가까이 접근하게 만드는 것이다. 무대는 상반된 두 입장을 구체적으로 보여주고 관객은 스스로 최종적인 깨달음에 도달한다. 소위 정반합의 변증법적 각성을 성취하는 것이다. 관객은 객석에 앉아있긴 하지만 누구보다 능동적이고 적극적인 진리 탐구자로 변하게 된다. 순박한 심성 때문에 항상 손해만 보는 셴테와 자본의 논리를 꿰뚫고 있는 냉혈한 슈이타가 정(正)과 반(反)으로 등장하는 「사천의 선인(1942)」은 가장 완성도 높은 형식미를 갖춘 서사극이다. 악덕지주와 휴머니스트의 양면을 보여주는 푼틸라(「푼틸라씨와 그의 하인 마티」)도 변증법적 궤도를 지향하는 인물이다. 인과관계가 약한 12개의 장을 몽타주 식으로 연결한 역사극 「억척 어멈과 그 자식들」도 서사극의 특징을 잘 보여준다. 이 작품은 전쟁 때문에 자식을 모두 잃는 고통을 당하면서도 전쟁으로 먹고살 수밖에 없는 어리석은 소시민의 운명을 그리고 있는데, 30년 종교전쟁도 결국 전쟁의 상업적 속성에서 예외가 아니었음을 폭로한다. 생존을 위해선 거래를 해야 하고 더 큰 이문을 위해선 더 큰 위험을 감수해야 한다는 자본주의 법칙은 개개인이 필연적으로 봉착하는 딜레마이기 때문이다. 서사극의 또 다른 형태인 비유극 「아르투로 우이의 출세」는 시카고 갱 두목 우이가 야채시장 이권을 독식하고 시장에 등극하는 과정을 그리고 있다. 이는 히틀러의 집권과정에 대한 알레고리라 할 수 있는데, 불법과 폭력을 자행하는 우이의 야비함을 통해 히틀러의 잔악함을 비유적으로 드러낸다.

브레히트의 창작과 연극론은 인간의 존엄성을 저해하는 모든 사악한 세력들에 대항하는 투쟁지침서이며 평등과 자유를 신봉하는 연극의 권리장전이다. 하지만 그 독특하고 기발한 연극론보다 더욱더 우리를 사로잡는 것은 그가 진리를 위해 가시밭길을 마다치 않은 실천적 지성이라는 사실일 것이다. 그의 발자취가 만들어낸 한 편의 삶이 어떤 이론보다 화려하고 어떤 연극보다 감동적인 이유가 여기에 있다.

하이너 뮐러(Heiner Müller, 독일)

〈작가연보〉

1929년 독일 출생

1957년 「헐값 노동자」 집필

1977년 「햄릿머신」 발표

1995년 사망

삶으로 쓰고 질문으로 대답하다

1989년 11월 9일 목요일, 냉전의 상징이었던 155킬로미터의 베를린 장벽이 허물어지기 시작했다. 전 세계는 열광했고 이는 동유럽 몰락과 소련 해체의 기폭제가 되었다. 20세기 냉전 종식의 상징으로 기록된 이 역사적 장면을 하이너 뮐러는 눈물 그렁그렁한 애잔한 마음으로 지켜보아야만 했다. 그는 타고난 글쟁이였지만 글 쓸 이유나 동기가 사라진 조화롭고 완벽한 세계를 희구하며 살았다. 그의 글쓰기는 더 이상 쓰지 않기 위한 방편이었던 것이다. 그리고 그 세계가 자신의 조국 동독에서 실현되길 간절히 갈망했다. 하지만 동독이 자본주의 국가 서독에 의해 흡수되자 그는 돌연 절필을 선언한다. 그가 꿈꾸던 유토피아가 도래해서가 아니었다. 이상향의 희망조차 사라져버린 짙은 절망이 그의 펜을 꺾어놓은 것이다. 항상 실천과 양심을 강조한 그에게 기나긴 침묵은 세계를 향한 마지막 글쓰기가 되어버렸다.

애국에 대한 대가

조국 동독에 대한 지극한 애국심으로 펄펄 끓었던 뮐러는 독일 통일 이후 자본주의 국가에서는 '거부' 말고는 배울 게 아무엇도 없다는 이유로 절필을 선언했다. 그에게 사회주의 국가 동독은 자기의 존재 이유를 가르쳐준 교과서였고, 글쓰기의 목적을 훈육시켜준 스승이자 영감의 모천이었다. 그렇다고 그가 동독 정부와 호의적인 관계를 유지했던 것은 아니다. 작가의 생명줄을 끊어버린 작가연맹 제명 사건(1961년, 1988년 복권), 계속되는 상연금지의 오명들, 평단과의 끊임없는 마찰 등 그의 존재는 동독의 골칫거리 중 하나였다. 조국에 대한 사랑과 조국이 처한 냉엄한 현실 간의 격차가 그의 펜을 움직인 동력이었고, 그 격차의 심원한 괴리는 뮐러가 떠안은 고뇌의 원죄였다. 그는 동독의 부정적인 현실로부터 고개를 돌려선 안 되며 그 역사적 진실을 배우고 익혀야 추악한 악몽에서 벗어날 수 있다고 믿었다.

지식인의 고뇌와 좌절을 담아

뮐러가 극작을 시작한 1950년대의 동독은 제2차 대전으로 폐허가 된 경제를 복구하고 속히 사회주의 국가를 건설하기 위한 대대적 개혁이 진행되던 시기였다. 문단도 이에 호응하여 생산현장을 중심으로 이른바 '생산문학'을 양산했다. 뮐러도 이 흐름을 타고 극작에 투신하지만 당의 의도와는 달리 생산현장에 존재하는 사회 구조적 모순과 갈등을 드러내는 데에 골몰했다. 초기 생산극에 속하는 「헐값 노동자」는 동독에서의 사회주의 건설이 구호나 이론처럼 호락호락하지 않다는 사실을 냉정하게 고백한다. 노동영웅 발케의 위선적인 과거사와 이념의 허약성은 생산성 향상에 대한 근본적인 질문을 던지고 있다. 토지개혁과 농업 집단화 정책의 후유증을 고발하고 있는 「이주민 여자 또는 농촌생활」과 위로부터의 과격한 개혁이 낳은 부작용을 가감 없이 드러내는 「건설현장」도 당국과의 격렬한 마찰을 야기한 작품들이다.

1970년대에 유화적 문화정책 덕에 그의 작품이 일부 공연되기도 했으나 당국의 눈총과 감시는 사그라지지 않았다. 이 시기에 집필한 「햄릿머신」은 동독의 억압적인 정치현실과 지식인의 고뇌와 좌절을 짧은 분량에 담아낸 역작이다. 이 작품은 '셰익스피어 공장'에서 생산된 '햄릿'이란 기계의 부품들을 주인공으로 상정하고, 이 인물들의 독백을 이어가는 형식으로 구성되어 있다. 「햄릿머신」에서 주인공들의 대사 속에는 러시아혁명과 스탈린주의, 「죄와 벌」, 파시즘, 마르크스, 레닌, 모택동 등 수많은 역사적, 문학적 모티프들이 무질서하게 진입한다. 맥락 없이 펼쳐진 이미지와 기호들의 폭주는 관객의 사유에서 논리의 무거운 짐을 벗겨 낸다. 자유로운 연상과 사방으로 뿜어져 나오는 폭발적 상상력은 해방감을 넘어 현란함을 느낄 정도이다. 마치 20세기 역사교과서를 빠르게 넘기는 듯한 속도감이 느껴지는 「햄릿머신」은 영화의 고속편집이 주는 그로테스크하고 기괴한 이미지를 모사하고 있다. 전쟁과 폭력 등 주로 역사의 어두운 면이 10쪽 정도의 짧은 분량으로 표현되지만 관객의 상상력에 불을 댕기기에는 모자람이 없다.

파격적인 극형식

밀러의 극은 어렵기로 유명하다. 그는 무대 자체가 아니라 무대와 객석 사이에서 극이 발생한다고 생각했기에 관객이 무대의 현실에 몰입하는 것을 거부했다. 브레히트와 마찬가지로 관객이 충분한 거리를 갖고 무대를 관망하길 바랐기 때문에 쉽게 이해되고 설명되는 것을 애당초 반대했다. 그의 극은 시종일관 관객에게 던지는 질문들로 채워져 있다. 관객의 사유를 위해 많은 정보를 전달하다 보니 극형식이 삽화적 구성이 되기 마련이고, 각 장면은 마구 혼합되어 몽타주적인 효과를 유발하게 된다. 그의 작품 속으로 많은 고전의 흔적들이 주입되는 것도 이러한 다성적 효과를 위한 것이다. 이런 극작법에 대처하기 위해서는 '어렵다'는 직관보다는 '왜 어려울까'에 대한 집요한 추궁이 필수적이다. 우리의 삶이, 우리의 현실이 녹록치 않은 것처럼 그 추궁도 쉽지만은 않다.

동독이 서독 자본주의에 의해 몰락하는 것을 목도한 밀러에게 더더욱 쓰라린 고통은 그를 간첩이라고 모함하는 서독 반공 작가들의 집요한 공격이었다. 말년에 밀러는 알코올 중독과 과다한 흡연에 빠져들었으며 결국 후두암에 걸려 쓰러진다. 그리고 1995년 12월 30일 영하 20도가 넘는 혹독한 겨울 도로텐슈타트 묘지에 묻힌다. 밀러는 자기 생전에 바이마르 공화국, 히틀러 제국, 동독의 멸망을 지켜본 것이 작가적 특권이라고 말한 바 있다. 여전히 분단체제에 살고 있는 우리에게도 그의 삶과 창작은 소중한 '특권'이 될 수 있을 것이다.

미국 문명이 빚은 욕망과 굴곡의 대변인들

유진 오닐(Eugene O'Neill, 미국)

⟨작가연보⟩

1888년 뉴욕의 한 호텔에서 출생

1910년 떠돌이 생활을 하다가 자살기도

1936년 「상복이 어울리는 엘렉트라」로 노벨 문학상 수상

1941년 「밤으로의 긴 여로」 집필

1953년 보스턴의 한 호텔에서 폐렴으로 사망

눈물과 피로 살아낸 삶이었던 드라마

산업혁명부터 19세기 말까지 세계의 중심은 유럽이었다. 하

지만 20세기 들어 미국은 신대륙 딱지를 떼고 세계사의 주류로 등극한 다음 무서운 속도로 세계 패권을 장악하기 시작했다. 문화에서도 서구의 고급문화를 거부하고 새롭고 젊은 다민족 문화 정체성을 확장시켰다. 하지만 연극에서 20세기 초 미국은 상업적 속류 공연예술의 진원지였다. 그 후진성을 단번에 극복시켜 준 극작가가 바로 유진 오닐이다. 미 국문학은 순식간에 세계적 수준으로 격상됐고, 미국은 싱클레어 루이스(1930년 수상)에 이어 두 번째 노벨 문학상 수상자를 보유하게 된다.

불행에 펜을 적시다

오닐의 어머니 엘라는 마약중독자였다. 어여뻤던 소녀시절 수녀를 꿈꾸던 엘라는 미남 배우의 청혼에 못 이겨 인생의 꿈을 접고 제임스(오닐의 아버지)와 결혼한다. 제임스의 객연활동 때문에 미국 전역을 유랑하던 엘라는 남편이 일하러 나간 동안 호텔방에서 홀로 지내는 외로움을 견디지 못했다. 결국 마약에 의지한 몽환의 쾌락이 그녀의 유일한 구원이었다.

유진의 형 제이미는 미남인데다 대사 암기에 천부적인 재능을 지니고 있어서 일찌감치 명배우감으로 주목받았다. 하지만 부모에 대한 주체할 수 없는 반항기 때문에 제이미의 학창시절은 술과 향락으로 얼룩져 갔다. 결국, 형 제이미는 알코올 중독 상태에서 창녀와의 섹스에 탐닉하는 폐인 생활을 하다 45세에 세상을 떠난다. 오닐의 마지막 창작인 「불출들의 달」은 자기 못지않게 불행한 삶을 살다간 형에 대한 애도곡이다.

유진은 어머니 엘라를 사랑했지만 그녀가 마약을 끊지 못하는 것에 대해서 심한 반감을 품고 있었다. 그리고 구두쇠 아버지 제임스에 대해서는 돈 때문에 어머니를 그렇게 방치해서 결국 마약중독에 이르게 했다고 생각했기에 강한 증오심을 가지고 있었다. 하지만 15세 무렵 어머니가 아편 중독에 빠진 결정적 원인이 오닐 자신의 출산으로 인한 후유증 때문이라는 사실을 알고 나서 큰 충격에 빠진다. 태어나지 말았어야 할 아이라는 자기부정의식은 자신은 나쁜 아이이고 처벌받아야 마땅하며 행복이란 가당치 않다는 '나쁜 아이 콤플렉스'로 이어졌다. 어머니를 구해달라는 자신의 기도가 먹히지 않자 교회 가기조차 포기해버린다. 평생을 괴롭힌 신앙 거부의 고통은 「끝없는 나날들(1933)」을 통해 표현되고 있다.

너무나 아파서 아름다운

자신에 대한 과도한 모멸감, 자아를 폐기처분 직전의 상태로 방기하는 그의 극단적 성향은 성인이 된 이후에 본격화된다. 성적 불량으로 명문 프린스턴 대학에서 퇴학당하고 알코올 중독 상태에서 5년의 세월을 방랑하며 밑바닥 생활을 한다. 금광을 찾겠다는 꿈을 간직하고서 떠난 남미 여행이 아무런 결실을 맺지 못하고 좌초되자 오닐은 구걸과 노숙으로 막장 인생을 내달린다. 항구에 정박한 배에 다가가 깡통을 들고서 음식을 채워달라고 악을 쓰기도 했으며 주로 노숙자를 위한 구호시설에서 공짜로 나눠주는 수프와 5센트짜리 위스키로 끼니를 해결했다. 「어떤 생활의 반려자」 「황제 존스」 「안나 크리스티」 「얼음장수 오시다」 「털북숭이 원숭이」, 초기 해양극들 등이 그때까지의 경험에 토대한 작품들이다. 이처럼 그의 작품들을 뒤덮고 있는 비극적 정서의 시원은 바로 이러한 자기학대와 자기부정에 있다. 1936년 노벨 문학상 지명 이유로 열거된 "비극의 본성을 일깨우는 강력한 힘, 진솔함, 깊은 감성"의 정체도 자기존재의 정당성을 상실한 근원 부재의식에서 출발한다.

1912년 무렵 그는 결국 결핵에 걸렸고 만신창이가 된 몸을 이끌고 집으로 귀향한다. 이때 약 5개월 정도 가족과 함께 요양의 시간을 갖는데, 이 시기의 기억을 토대로 셰익스피어 이후 최고의 극작가란 칭송을 얻게 되는 「밤으로의 긴 여로 (1941)」란 작품을 완성한다. 아버지 제임스, 어머니 엘라, 형 제이미, 그리고 자신의 처지를 토대로 자전적 희곡을 탄생시킨 것이다. 마약중독자와 구두쇠, 그리고 알코올 중독자와 폐병환자를 이처럼 아름다울 정도로 처연하게 묘사한 작품은 이후에도 존재하지 않을 것이다. 자신의 뜻과 다르게 사후에 발표되어버린 이 작품은 「지평선 너머」 「안나 크리스티」 「이상한 막간극」에 이어 오닐에게 4번째 퓰리처상의 영광을 부여했다.

끝나지 않는 밤의 여로

세계적 명성에도 그의 말년은 결코 행복하지 않았다. 우울증과 전립선염이 영육을 괴롭혔고, 18살이던 딸 우나가 54세이던 찰리 채플린의 네 번째 아내가 되자 "내 인생의 유일한 희극"이라고 분통을 터뜨리며 절교를 선언한다. 둘째 아들 셰인은 알코올과 마약을 동시에 섭렵하며 사고뭉치로 살았고, 장남 오닐 2세는 자살로 삶을 마감한다. 아내와도 불화와 별거가 이어졌고, 1951년부터 쉘턴 호텔에 머물던 오닐은 1953년 폐렴으로 운명을 마친다. 어릴 때부터 호텔과 극장을 전전하던 그는 죽기 마지막 순간에 "제기랄, 호텔 방에서 태어나 호텔방에서 죽다니."라며 투덜거렸다. 보스턴 교외 포레스트 힐 묘지의 장례식에는 의사, 간호사, 아내 세 사람만이 참석했고 기도도, 찬송가도 없이 약식으로 끝나버렸다.

「밤으로의 긴 여로」 헌사에는 "내 묵은 슬픔을 눈물로, 피로 표현한 작품의 원고를 아내에게 바친다."라는 눈물겨운 고백이 실려 있다. 오닐에게 드라마는 삶을 사는 것만큼 고통스러운 것이었고 삶은 드라마처럼 힘겨웠다. 그 눈물과 피의 기록에 대한 보상으로 우리는 좀 더 행복하게 살아도 되지 않을까. 견디기 어려운 고통의 운명을 유전자처럼 타고난 오닐에게 문학이 일종의 소신공양이라면 그 보살행의 음덕은 우리에게 주어지는 게 아닐까. 위대한 문학의 효용이란 바로 여기에 있으니.

아서 밀러(Arthur Miller, 미국)

〈작가연보〉
1915년 뉴욕 출생
1948년 「어느 세일즈맨의 죽음」 집필

1956년 마릴린 먼로와 결혼
2005년 심장병으로 사망

잃어버린 '비극'을 찾아서

매카시(Joseph Raymond McCarthy, 1908~1957)란 이름은 부당하고 무고한 이유로 사람들을 불태워 죽인 중세 마녀사냥의 지독한 그을음을 연상시킨다. 그래서 그 이름은 미국의 수치다. 미국 공화당 의원이었던 그는 공산주의 척결을 외치며 미국을 광란의 상태로 몰아넣었다. 찰리 채플린과 브레히트가 추방당했고 지휘자 번스타인은 대중의 비난을 받았으며, 아이젠하워 대통령까지 모욕당했다. 하지만 한편으론 매카시 광풍은 미국 지성의 면역력과 자기회복력을 입증하는 계기가 되었다. 광풍의 한가운데에 아서 밀러가 있었고, 그는 지성의 이름으로 「시련」을 썼다. 그의 용기 있는 실천은 가냘픈 펜이 매카시가 휘두른 망나니 칼보다 더 강하다는 것을 증명하는 표본이 되었다.

평범해서 위대한 비극

「시학」에 따르면 비극은 고상한 신분의 영웅이 운명에 맞서 싸우다 파멸에 이르는 이야기를 뜻한다. 그 과정에서 '연민과 공포'를 느끼고 이를 통해 '카타르시스'를 맛보는 것이 비극의 효용이다. 카타르시스를 '예술적 희열'로 이해한다면, 연민과 공포는 주인공의 고통을 나의 고통으로 전이시키는 작용이라 할 수 있을 것이다. 참혹한 전쟁과 대량학살, 그리고 인간소외와 고립감을 체험한 20세기는 이 비극의 정의를 새롭게 바꿔놓았다. 고대 비극의 주인공이 겪던 쓰라린 고뇌와 참담한 절망은 현대인 각자가 평생 짊어지고 가야 할 무거운 숙명으로 변환된 것이다. 이른바 '일상적 비극'의 시대가 도래했다. 현대 비극에서는 고관의 영웅 대신 평범한 소시민이 주인공이 되고, 경천동지할 국사(國事) 대신 일상의 소소한 사건이 무대를 점령한다. 하지만 어느 평범한 세일즈맨이 자동차를 몰고 자살하기 전까지 20세기 인류는 이 현대 비극의 의미와 파장에 대해서 구체적으로 체감하지 못했다. 길 잃은 현대인을 상징하는 주인공 윌리 로먼(「어느 세일즈맨의 죽음」)이 죽음을 향해 질주하는 순간, 현대인은 그 비극의 깊이와 강도에 눈을 뜨게 되었다.

지성으로 빛낸 미국의 자존심

유진 오닐, 테네시 윌리엄스와 함께 미국 3대 극작가로 꼽히는 아서 밀러는 1915년 뉴욕에서 태어나 대공황의 암운이 짙게 드리워진 시기에 청소년기를 보낸다. 대학등록금을 마련하기 위해 안 해본 일이 없던 밀러가 처음 희곡을 쓰게 된 동기도 'Hopwood Award'에 걸린 250달러 상금 때문이었다. 그에게 희곡작가로서 명성을 안겨준 첫 작품은 1941년 집필한 「모두 다 내 자식」이란 비극이다. 가족이기주의에 사로잡힌 주인공 조 켈러는 돈에 눈이 멀어 공군에 불량 비행기 부품을 납품하게 되고, 이 때문에 21명의 젊은 조종사가 추락사하고 만다. 자신의 야욕이 빚어낸 참사의 과중함을 뒤늦게 깨달은 조 켈러는 속죄의 의미로 자살을 선택한다. 물질만능주의와 소시민적 속물성을 질타하는 이 작품을 통해 밀러는 사회적 문제의식을 지닌 작가로서 위상을 정립한다.

아서 밀러의 이름을 세계 연극사에 깊이 각인시킨 작품은 역시나 「어느 세일즈맨의 죽음」이다. 집필을 시작하여 6주 만에 완성한 이 희곡은 순식간에 브로드웨이를 강타했으며 Tony Award, 뉴욕시 비평가상, 퓰리처 상 등 드라마 관련 3대 메이저 상을 동시에 받은 최초의 희곡이 되었다. 현대물질문명의 비인간성과 미국식 자본주의의 잔혹성을 폭로한 이 작품은 가족이나 물질적 성공도 현대인의 고독과 소외를 구원할 수 없다는 암담한 현실을 반영하고 있다. 무릇 모든 대작이 그렇듯이 이 작품이 파헤쳐낸 깊은 절망의 나락은 현대인에게 도약의 탄성력을 선사하는 위대한 발판이 되어주었다.

1950년 매카시에 의해 시작된 공산주의자 색출운동은 사회비판적 작품 활동을 하던 밀러에게도 마수를 뻗쳤다. 반미활동조사위원회가 조직되었고 그의 여권은 효력이 정지된다. 1953년 밀러는 중세 마녀사냥의 허위와 위선을 폭로하는 「시련」을 집필하여 집단적 광기 앞에서 개인의 신념과 진실을 사수하는 올곧은 주인공을 등장시킨다. 1956년 밀러는 동료에 대한 거짓 밀고는 요구하지 말라는 조건을 달고 위원회에 출석한다. 하지만 위원회는 집요하게 밀고를 요구했고, 이를 완강히 거부하던 밀러는 결국 의회모독죄로 500달러 벌금과 30일 수감형을 선고받는다. 친구를 팔고 자식에게 부끄러운 부모로 살기보단 차라리 떳떳한 죽음을 택하는 「시련」의 주인공 프락터와 한 치의 오차도 없는 의연한 행동이었다.

역설적 비극

매카시의 저질선동은 사회분위기조차 황폐화시켰다. 영화계에 미친 영향도 적지 않았다. 기성 보수층에 대한 적대감이 노골화되자 남성주인공은 거칠고 도전적인 젊은이가 차지했고, 여성주인공은 백치미와 요염함이 넘치는 섹시스타가 주도했다. 제임스 딘과 마릴린 먼로, 브리짓 바르도가 그 대표들이다. 매카시 광풍의 최대 희생자였던 밀러가 그 사회적 후유증이 잉태한 여배우인 먼로와 결혼한 사실은 역설 중의 역설이었다. 게다가 밀러가 반미활동조사위원회의 심문 중에 먼로에게 프러포즈했다는 사실, 먼로를 위해 집필한 영화 「어울리지 않는 사람들(1961년)」의 개봉 1주일 전에 그 어울리지 않는 결혼을 끝장냈다는 사실(이혼 발표), 그리고 이혼 9개월 후 먼로가 약물과용으로 사망했고, 밀러는 장례식에도 불참했다는 사실 등도 널리 알려진 역설들이다. 매카시 광풍에 말미암은 운명의 아이러니는 여기서 그치지 않는다. 밀러는 곧 유명한 사진작가 잉게 모라스와 세 번째 결혼을 하고 레베카와 다니엘을 낳는다. 영화배우, 작가, 영화감독을 겸업하는 딸 레베카는 영화 「시련」의 주연을 맡은 다니엘 데이-루이스와 결혼한다. 1996년 영화화된 「시련」은 첫 아내 메리 슬레터리 사이에서 낳은 아들 로버트 밀러가 제작한 것이었다.

2004년 89세의 밀러는 34세의 젊은 화가 아그네스 발리와 사랑에 빠진다. 20세기를 화려하게 치장한 이 위대한 극작가도 내구성 있는 사랑엔 젬병이었던 모양이다. 그리고 이듬해 노환으로 사망한다. 2005년 2월 10일. 56년 전 「어느 세일즈맨의 죽음」이 초연되던 날짜였다. 이날 브로드웨이는 그의 죽음을 애도하면서 역사상 최초로 거리의 모든 불을 껐다.

테네시 윌리엄스(Tennessee Williams, 미국)

〈작가연보〉

1911년 미시시피 주 출생

1947년 「욕망이라는 이름의 전차」 공연

1969년 정신병원 입원

1983년 뉴욕의 작은 호텔에서 사망

외로운 영혼의 방랑자

'에덴동산' 이후 인류의 삶이란 추방과 유형(流刑)의 연속이었다. 끊임없이 유토피아를 꿈꾸지만 그곳은 너무 멀리 떨어져 있거나 한참이나 오래된 과거였다. 어떤 이는 언젠가는 다시 도래할 무릉도원을 동경하며 살고, 어떤 이는 꿈이 파괴된 이후의 처참한 삶을 응시한다. 또 어떤 이는 조화로운 낙원의 흔적을 신화나 전설 속에서 복구하는가 하면, 어떤 이는 깨져버린 신화의 잔해 더미 위에서 시름시름 앓으며 살아간다. 역사가 일천

한 미국인에게 향수와 애상을 자극하는 이상향은 유럽인의 정착이 시작되기 전의 신대륙이었다. 특히 풍요와 번영을 상징하는 미국 남부지방의 목가는 그 신화의 모천과도 같았다. 잃어버린 낙원을 정처 없이 방랑한 테네시 윌리엄스의 극세계는 사라져버린 미국인의 꿈을 대변한다.

그의 이름, 아메리카 윌리엄스

그의 아버지는 알코올 중독에 빠졌고, 어머니는 정신병원에 입원한 적이 있다. 한때 미국 남부의 최고 갑부였던 윌리엄스 선조들은 그의 아버지에게 명문가의 허세와 가난만을 남겨주었다. 반면 그의 어머니는 금욕적인 청교도 목사의 딸이었다. 금욕과 탐욕, 만용과 순종, 이상과 현실, 그 모순적인 결합이 테네시 윌리엄스의 영과 육을 만들었다.

고독과 배고픔에 겨워 닥치는 대로 글쓰기에 전념한 사내, 섬약하고 쉽게 상처받는 자신의 심성을 항상 과장된 웃음으로 위장해야 했던 사내, 자신의 모든 재산을 정신요양원에 있던 누이 로즈를 위한 신탁기금에 몽땅 털어 넣은 사내, 미국 남부 특유의 보헤미안적 삶에 흠뻑 빠져 자신의 이름을 '(테네시州의) 테네시'로 바꿔버린 사내. 63편의 크고 작은 드라마를 집필했고, 그 중 15편이 영화로 제작되기도 한 영광의 이름. 미국인의 꿈과 좌절, 미국적 가족신화와 그 해체를 목격한 이 사내의 이름은 어쩌면 테네시보다 더 큰 '아메리카'였는지도 모른다.

상처로 빚어낸 쓰라린 드라마

한 작가의 작품세계는 그의 품성과 그가 살아온 삶의 용적을 여간해선 넘어서지 않는다. 가장 미국적인 극작가라 평가받는 테네시 윌리엄스는 누구보다 치열하게, 무엇보다 섬세하게 자신의 삶을 예술텍스트로 변형시킨 인물이다. 그의 작품 곳곳에서 인조피혁의 부담스러운 매끈함보다 거칠고 격렬한 충동과 마찰이 느껴지는 것도 이 때문이다.

그의 삶과 창작세계를 지배한 고독과 귀소의 충동은 유소년기에 그가 겪었던 상처와 소외감에서 비롯된다. 어린 시절 앓았던 질병 때문에 한쪽 다리가 불편해진 윌리엄스는 또래 친구들에게 '왕따' 취급을 당한 적이 있다. 계집애 같다는 놀림을 받을 정도로 천성이 유약하고 내성적이었기에 그가 받았던 심리적 충격은 이루 말할 수 없었다. 사람 만나기가 두려워 내내 집에만 처박혀 있던 터라 누이 로즈가 유일한 친구였고, 책과 영화가 유일한 교과서였다. 가족들과 어울리지 못하고 알코올 중독에 빠져버린 브리크(「뜨거운 양철지붕 위의 고양이」, 브리크도 절름발이로 등장)나 유리동물 장난감에 과도하게 집착하는 로라(「유리동물원」, 그녀의 별명도 '블루 로즈'이다)는 바로 자신과 누이 로즈의 기질을 그대로 투영시킨 인물들이다. 영화와 독서체험이 전달하는 환상의 세계도 대인관계로부터 자신을 유배시키는 수단이었고, 낯선 현실과 거리를 두기 위한 일종의 도피 행각이었다. 자신의 애정이 거절당할까 봐 정상적 인간관계에 두려움을 느끼는 블랑쉬(「욕망이라는 이름의 전차」)나 대인공포증에 시달리며 자기비하에 몰두하는 엘마(「여름과 연기」) 등 대부분 주인공들은 윌리엄스 내면 일부를 떼어내 만든 형상이거나 자신의 눈에 비친 가족들의 잔영이다.

고독이라는 천형

가족 간의 사랑과 포근한 가정에 대한 환상이 파괴되는 과정을 보여주는 「유리동물원」은 누이 로즈의 실패한 로맨스, 어머니 에드위나의 퇴락한 삶, 작가로 사는 삶에 대한 자신의 불확실성 등으로 빚어낸 구슬픈 비가이다. 한편 고급스러운 철학이나 심리주의의 과잉을 피하면서도 미국 대중의 욕망과 무의식을 잘 드러낸 「욕망이라는 이름의 전차」에서는 윌리엄스의 강박적인 어머니와 호탕한 풍류가였던 아버지의 결합이 파탄의 일로에서 벗어날 수 없음을 암시적으로 고백한다. 이 공연이 초연되던 해에 결국 이 부부가 이혼을 감행하는 것은 피할 수 없는 아이러니였다. 결코 공존할 수 없는 대립적 가치들이 온 집안을 장악한 「뜨거운 양철지붕 위의 고양이」는 동성애, 세속적 욕망, 자기비하, 정체성 등 윌리엄스가 천착해온 모든 테마들을 날줄과 씨줄로 직조해낸다. 뜨거워진 지붕에서 도피할 수도, 머무를 수도 없는 브리트의 아내 마가렛의 딜레마는 우리의 일상에서 매일같이 접하게 되는 선과 악, 호불호의 갈등과 그리 다르지 않다.

정상적인 인물도, 유쾌한 상황도 없는 윌리엄스의 드라마는 역으로 그가 얼마나 평온한 삶과 무던한 인간관계를 염원했는지를 반증한다. 남부 전원생활의 불타는 생명력은 윌리엄스의 창작열을 촉발시킨 강력한 도화선이긴 했으나 그 삶이 전제하는 우애, 사랑, 안온 등 가족적이고 유락한 삶은 윌리엄스에게 가장 결핍된 항목이었다. 방랑자, 정신병 환자, 이방인, 장애인 등 자기가 집필한 드라마의 주인공인 동시에 윌리엄스 자신이기도 한 이들은 끊임없이 정착과 안식에 대한 충동에 시달리고 있다. 그 충동이 강할수록 일탈과 소외를 향한 원심력 또한 증폭된다. 그들의 모습은 드라마적으로는 흥미롭지만 실제 삶의 포즈로 삼기엔 너무나 위태하고 불안하다. 방랑자 의식을 천형처럼 떠맡은 테네시 윌리엄스 자신의 삶처럼!

에드워드 올비(Edward Albee, 미국)

〈작가연보〉

1928년 미국 버지니아 출생

1961년 「아메리칸 드림」 집필

1962년 「누가 버지니아 울프를 두려워하랴?」 발표

누가 버지니아 올비를 두려워하지 않는가?

전후 미국은 황폐해진 유럽을 대체할 신대륙으로 각광을 받았지만 1950년대 말이 되자 알 수 없는 무기력에 빠졌다. 제2차 대전에 참전했지만 유럽 같은 몰락을 체험하지 않았고, 크나큰 인적 피해를 보았지만 전후 최강국의 수혜를 얻었던 미국

이 승전의 마취에서 서서히 깨어나기 시작한 것이다. 뉴욕에선 '비트 제너레이션' 그룹이 산업화와 비인간화에 저항했고, 샌프란시스코에선 기성사회의 모든 가치를 거부하는 히피운동이 싹을 틔우고 있었다. 세대교체와 저항운동의 야릇한 분위기가 미국사회를 휩싸고 있었던 것이다.

갈피를 못 잡고 휘청거린 것은 연극계도 마찬가지였다. 유진 오닐은 호텔방에서 쓸쓸히 죽어 갔고, 아서 밀러는 반미행위위원회의 고발로 정치적 고초를 겪고 있었다. 테네시 윌리엄스가 정신병 치료를 받기 시작한 것도 이 무렵이다. 그 와중에 서른을 갓 넘긴 에드워드 올비가 혜성처럼 문단에 등장했다. 비평계는 떨리는 전율을 참지 못해 흐느적거렸고 관객들은 굶주린 사람처럼 열광했다.

누가 버지니아 울프를 두려워하랴?

영국작가 버지니아 울프는 항상 인간의 경험과 감정, 사유의 참모습을 드러내려고 노력했다. 에드워드 올비 희곡의 제목처럼 그 참모습이란 바로 등장인물 4명이 가장 두려워하는 덕목이다. 위선, 허위, 가식, 모순을 양식 삼아 일희일비하는 이들은 늑대를 무서워하는 동화 속 돼지 형제들처럼 진실로부터 몸을 숨겼다. 주인공 조지와 마서가 흥얼거리는 이 노래는 디즈니 만화영화인 「꼬마 돼지 삼 형제」에 나오는 '누가 커다란 악당 늑대를 두려워하랴'를 패러디한 것이다. 늑대(wolf)가 울프(Woolf)로 변하고 올비의 고향인 버지니아(Virginia)가 더해져서 희곡의 제목으로 탄생한 것이다. 1962년 올비가 이 작품을 발표하자 평단은 그를 테네시 윌리엄스와 아서 밀러 이후 최고의 극작가로 공인하게 된다. 올비가 20세기 후반부를 지배하는 가장 강력한 허리케인을 브로드웨이에 상륙시킨 것이다.

자기 삶의 부조리에 눈뜨다

이렇게 언론과 평단의 주목을 한몸에 받으며 등단한 올비였지만 그의 성장 과정은 순탄치 않았다. 출생 직후 친부모로부터 버려져 2주 만에 뉴욕의 부유한 집안에 입양되지만 올비의 말대로 그들은 입양부모가 될 준비가 되어 있지 않았고, 올비도 좋은 입양자식이 될 수가 없었다. 청소년기부터 심한 반항기로 몇 차례 학교에서 퇴학당한 올비는 트리니티 대학에서도 무단결석과 채플 거부로 퇴학당하자 아예 집을 나와 버린다. 세상을 배우기 전에 세상을 거부하는 법을 먼저 익혔고, 세상을 관찰하기보다는 조롱하고 비웃는 데에 혈안이었던 올비였다. 친부모에 대한 증오와 양부모와의 불화 때문에 불거진 마음의 상처는 글쓰기에 심취한 다음에야 누그러졌다.

그렇다고 올비의 희곡이 연극계에서 즉각 수용된 것은 아니다. 브로드웨이에서 그의 처녀작 「동물원 이야기」에 관심이 있는 사람은 아무도 없었다. 이 작품은 바다 건너 독일에서 대성공을 거둔 후에야 미국으로 역수입되었으며, 이후 작품들도 부조리극이라는 특성 때문에 쉽게 이해되진 않았다. 풍요와 질서로 대변되는 미국 특유의 낙관주의와 무의미에 저항하는 미국식 실용주의 사고 앞에서 부조리극은 유럽만큼 강한 파괴력을 발휘할 수 없었던 것이다. 하지만 올비는 부조리극을 미국인의 성향에 맞게 변조하면서 브로드웨이의 취향을 확장하는 데에 일조한다. 서사가 어느 정도 형태를 갖추고 있고, 인과적 행위들이 이어지며 인고의 노력 끝에 구원의 희망에 도달하는 결말을 도입한다. 동시에 고독, 소외, 의사소통의 실패, 침묵, 휴지 등 인간실존의 허약한 고리들을 폭로하는 데에도 주저하지 않는다.

껍데기는 가라!

올비에게 첫 영광을 안겨준 「동물원 이야기」는 중산층의 도피적 삶과 하층민의 소외를 표현하고 있다. 중산층의 안정된 삶을 추구하는 피터와 하숙집에 기거하는 인생 낙오자인 떠돌이 제리와의 만남을 통해 서구 부조리극이 도달한 막다른 길에 낙관으로 가는 조그만 길을 뚫어놓는다. 자신의 고독을 타인과의 교감으로 극복하고자 죽음까지 서슴지 않는 제리는 오히려 피터에게 고맙다는 말을 남기고 쓰러진다.

극작가의 사명은 사회 모순을 폭로하여 사람들을 각성시키는 것이라 믿었던 올비는 자신의 드라마 속에 사회비평을 넘어 사회개혁의 목소리까지 장전한다. 미국사회와 미국인의 허위의식과 정신적 몰락을 폭로하는 데에도 일말의 망설임이 없었다. 「아메리칸 드림」은 미국의 과거, 현재, 미래를 상징하는 3세대의 대표자를 통해 탐욕과 속물성으로 얼룩진 아메리칸 드림의 허위성과 타락을 고발한다.

해체된 부조리를 낙관적 부조리로 재건하려는 올비의 시도
는 좀 더 '낙관적'으로 보면 유럽 부조리 작가들이 인간과 세계
의 본질 앞에서 기겁하는 바람에 손을 놔버린 관계나 접촉의
가능성을 새로이 부활시키는 노력이다. 텅 빈 언어와 공허한 삶
이 펼쳐지지만 올비가 최종적으로 겨냥하는 탄착점은 교감의
언어를 재생시키고 삶의 긍정에 도달하는 것이다.

그 정점에 있는 작품이 바로 「누가 버지니아 울프를 두려워
하랴?」이다. 극은 시종일관 부조리하고 무의미한 두 커플의 결
혼생활을 보여준다. 그들 사이엔 동반자적 사랑도, 삶에 대한
정열적 활기도, 미래에 대한 진취적 희망도 없다. 올비는 무기력
과 패배주의에 빠진 나약한 영혼들의 모습 속에서 역설적으로
진실한 관계와 진정한 상호이해의 의미를 부각시키고 있다. 이
들의 모습은 전통적 가치를 상실하고 목표의식조차 실종되어버
린 동시대 미국인들의 초상이다. 이 모순되고 비틀어진 환상을
과감하게 파괴하고 진짜 삶과 진짜 인간을 대면하게 하는 것이
올비가 추구한 인간구원의 방식이었다. 이 추상같은 진실 앞에
서 누가 감히 두려움에 떨지 않을 것인가? 누가 감히 자신의
모습을 반성하지 않을 것인가?

진리의 제단에 삶을 헌정한 의연한 반골들

조지 버나드 쇼(George Bernard Shaw, 영국)

〈작가연보〉

1856년 아일랜드 출생

1876년 영국 이주

1912년 「피그말리온」 집필

1925년 노벨 문학상 수상

1950년 사망

진리를 향해 돌진한 인간화석

자신을 셰익스피어보다 위대하다고 자평한 배포 큰 인물. 가는 곳마다 염문이 끊이질 않았고, 쓰는 글마다 독설이 넘쳤던 문제적 인간. 주류 담론에는 무조건 이의를 제기했던 반골 기질의 논객. 자본주의의 모국인 영국에 살면서도 사회주의 이념을 전파하기 위해 물불 가리지 않았던 투철한 사상가. 19세기 중반에 태어나 20세기 중반에 생을 마친 사나이. 근 100년의 삶을 사회의 모순과 위선을 혁파하기 위해서 애쓴 개혁가. 조지 버나드 쇼! 그의 사전(死前)에는 타협이나 굴복이란 단어는 존재할 수 없었다. 진리와 자유, 평화를 위해 가시밭길을 마다치 않은 이 걸출한 영웅은 인류 역사의 진보를 증명하려고 지상에 내려온 인간화석과도 같은 존재였다.

진리가 너희를 자유롭게 하리라!

그가 입을 열면 곧바로 파문이 일었다. 그의 거침없는 말과 글은 상대방이 반성할 시간과 여유도 허락하지 않았다. 그의 예리한 펜 끝은 따로 성역을 두지 않았고, 항상 적의 폐부를 정확히 관통했다. 한 번도 정규교육을 제대로 받은 적이 없는 야인이었지만 독서와 토론으로 길러진 그의 독설은 전방위적이었고 날카로웠다. 당연히 적도 많을 수밖에 없었다. 에즈라 파운드는 그를 '지적 진드기'라 폄하하기도 했으며, 리처드 올딩턴은 '지성의 광신자'란 표현으로 그를 비웃었다. 제1차, 2차 세계대전 때는 반전평화를 외치다가 여론의 뭇매를 맞기도 했다. 하지만 그는 조금도 자신의 신념을 굽히지 않았고 삶 속에서, 그리고 예술 속에서 자신의 입장을 관철시켰다.

충돌이 빚어내는 섬광

앞뒤 가리지 않는 그의 공격성과 저항정신은 파란만장한 성장기 때부터 형성된 것이었다. 늘 술을 끼고 살았던 무책임한 아버지와 남성 혐오증에 사로잡힌 냉정한 어머니는 어린 버나드 쇼의 감성세계를 사막으로 만들어버렸다. 가족의 무관심과 애정결핍으로 점철된 그의 유년은 씻을 수 없는 상처 자체였다. 그가 죽기 1년 전, 어린 시절 살던 더블린 집에 기념동판을 부착한다는 소식을 듣자 "그 집이 폭격을 맞아 산산조각이 나버렸으면"하는 염원을 피력할 정도였다. 구교도가 대다수였던 아일랜드에서 드물게 개신교를 신봉한 집안 분위기나 영국으로 이주 후 소수민족으로 살아야 했던 이력 또한 그의 정서를 삭막하게 만든 요인이기도 했다.

한편 어머니의 사랑이 그리워 평생 여성탐닉을 멈추지 않았던 그였지만, 그 사랑이 일정 수준을 넘으면 놀랄만한 자기 절제력을 과시했다. 알코올 중독자였던 아버지 때문에 평생 술, 담배를 입에 대지도 않았고 행동이나 처신에서도 금욕적 원칙을 고수했다. 실제 삶에서는 항상 예의가 바르며 관대했고 채식주의 원칙을 고수했으며 때론 수줍고 얌전한 면을 보여주기도 했다. 혹자는 이를 두고 애정결핍이 야기한 극단적 두 기질, 즉 과도한 인정욕구와 철저한 자기통제가 그의 내면을 양분시켰으며 그의 정신세계는 결국 신랄한 공격성과 자기도취적 절제력이 소용돌이치는 격전장이 되고 말았다는 분석을 내놓기도 한다. 하지만 그 어떤 분석도 이 저돌적이고 강건한 영웅의 영혼

전체를 제대로 그려낼 수는 없다. 아일랜드인 특유의 익살과 재치, 그리고 전통과 관습에 대한 저항으로 충만한 풍부한 풍자와 해학, 고정관념을 조롱하고 보수주의를 야유하는 그 도저한 비판정신은 20세기 진보문학의 위대한 산맥으로 우뚝 솟아있다.

사회개조를 향한 끝없는 행군

버나드 쇼는 연극이 법이나 종교보다 더 중요하다고 생각했다. 연극이야말로 기득권의 위선과 거짓을 파쇄하고 인간을 계몽하고 선도하는 최고의 사회제도라고 평가했다. 이런 전투적 연극관은 초기극에서부터 버나드 쇼를 규정하는 핵심 개념이 되었다. 매춘업자 워렌 부인과 그녀의 딸 비비와의 모녀갈등을 다룬 「워렌 부인의 직업」은 매춘과 성차별이 여성 개인의 타락이나 방종에 의해서 유발된 것이 아니라 빈곤을 양산하고 약자를 방치하는 사회의 결함에서 도래한 것이라고 강변한다. 비록 매춘업자를 정당화시키고 신세대 여성을 미화한다는 도덕적 비난 때문에 고초를 겪긴 했지만 「워렌 부인의 직업」에서 울려 퍼지는 사회적 메시지는 결코 막을 수 없었다.

하지만 버나드 쇼를 세계적 명사로 만든 희곡은 아이러니하게도 낭만적 러브스토리인 「피그말리온」이었다. 그리스 신화의 인물 피그말리온이 자신이 조각한 여인상에 반해 사랑을 완성한다는 이야기를 현대적으로 개작한 이 드라마는 오드리 햅번이 주연한 「마이 페어 레이디」로 우리에게 널리 알려져 있다.

하지만 해피엔딩으로 끝나는 영화와는 달리 원작은 일라이자가 히긴스 교수가 아닌 멍청한 남자 프래디와 결혼하는 것으로 종결된다. 결혼 제도를 조롱하고 일라이자의 주체성을 강조하는 통쾌한 결론인 것이다. 성녀와 마녀의 극단적 평가를 받는 잔 다르크의 이미지 속에서 사회개혁을 위해 분투하는 초인의 기상을 발견한 「성녀 죠운」은 버나드 쇼에게 노벨문학상의 영광을 부여했다. 전쟁과 변혁의 파도를 온몸으로 헤쳐나간 잔 다르크의 영웅담을 통해 그는 역사란 것이 불가항력적 필연에 의해 좌우되는 것이 아니라 인간의 초인적 의지와 실천으로 변화되는 가변적 기제란 사실을 설파한다.

「성녀 죠운」 이후 집필을 잠시 접은 버나드 쇼는 1925년 노벨상이 주어지자 "내 시끄러운 입이 잠잠하니 고마워서 상을 주는군!"하면서 대중을 웃겼다. 그리곤 대중이 자신을 먹여 살렸으니 상금은 필요 없다며 메달만 받아서 왔다. 그는 정적이라도 결코 미워할 수 없는 인물이었다. 행여 그의 삶에 이해되지 않는 점이 있다면 그가 유언으로 남긴 묘비명을 한번 읽어 보시라. "어영부영 살다가 내 이렇게 끝날 줄 알았지(I knew if I stayed around long enough, something like this would happen)."

미하일 불가코프(Михаил Булгаков, 소련)

〈작가연보〉

1891년 우크라이나 키예프 출생

1926년 「조야의 아파트」 발표

1929년 「위선자들의 카발라」 집필

1940년 신장경화증으로 사망

원고는 결코 타지 않는다!

살아생전에 출세의 정점에서 온갖 부귀영화를 누린 작가도 있다. 반면 평생 배고픔과 탄압에 시달리며 매일 같이 불안과 공포 속에서 글과 사투를 벌인 작가도 있다. 문학이라는 성전을 경배하는 작가에게 가난과 불명예쯤은 차라리 농담에 불과할지도 모른다. 작가에게 상연과 출판의 기약이 없다면 세끼 밥이야말로 가장 견딜 수 없는 치욕이고 저주이기 때문이다. 1920~1930년대 상연취소와 출판금지로 도배된 극작가 불가코프는 소련의 공식문학사에서 하루빨리 지워지고 잊혀야 할 이름이었다. 존재 이유 없이 산다는 것은 죽음보다 더 고통스러운 삶이다. 불가코프는 "원고는 타지 않는다!"고 선언한다. 그것말고는 살아낼 재간이 없었기 때문이다. 문학의 재단에 자신의 삶을 헌납하는 순간, 그의 문학은 영원히 타지 않는 원고가 되었다.

20세기를 빛낸 '거장'

수백만 명의 지식인을 숙청한 스탈린의 공포정치가 막을 내리자 어둠 속에 갇혔던 작품들이 하나둘씩 빛을 보기 시작했다. 망각되고 소실될 뻔한 원고들이 보물 상자 속에서 쏟아져

나왔다. 천편일률적인 혁명문학이 지배한 암흑기로 재단되던 1920~1930년대 소련 문학장이 훨씬 다채롭고 역동적이었다는 사실이 밝혀졌다. 그 중 단연 돋보인 것이 불가코프의 작품들이었다. 현실과 환상이 교차하고 웃음과 기지가 넘치는 그의 작품들은 순식간에 베스트셀러가 되었고, 극장들은 다투어 그의 희곡을 상연하기에 바빴다. 예술은 결코 소멸되지 않는다는 작가의 소신과 예견이 사실로서 증명되는 순간이었다. 소련 문학사는 새로이 쓰였고 불가코프의 작품들은 고전의 반열에 올라섰다.

시대와의 생래적 불화

체호프처럼 불가코프도 의사출신이었다. 혁명과 내전의 소용돌이 속에서 온 나라가 쑥대밭이 되던 그 시기에 불가코프는 군의관으로 징집되어 참혹한 살육의 현장에 선다. 혁명군(적군)과 반혁명군(백위군)이 서로를 물고 뜯는 아비규환의 전장에서 불가코프는 인간의 존엄성이 갈기갈기 찢기고 생존이라는 동물적 본성만이 이글거리는 무간지옥을 목격한다. 생사를 넘나드는 전장의 체험에서 나온 작품이 바로 「투르빈가의 나날들」(모스크바예술극장 상연)이다. 백위군 장교 알렉세이는 적군의 최후 공세를 앞두고 무의미한 살상행위를 피하기 위해 대원들을 무장해제 시킨 뒤 혼자 포화 속에서 최후를 맞는다. 백위군 장교들의 명예로운 굴복과 그들 사이의 인간적인 유대를 보여주는 작품이 좌파 평단의 날카로운 이빨을 피해 갈 수는 없었다. 광범위하고 집요한 반(反)불가코프 전선이 형성되었고, 결국 이 작품은 1928년 반강제로 종연되고 만다. 16번이나 이 작품을 관람한 스탈린의 은밀한 동조도 소용없었다. 사유재산을 포기한 사회주의 국가 인민들이 펼치는 저속한 욕망과 타락의 카니발 「조야의 아파트」도, 검열제도의 허구성과 극장권력의 무소불위를 풍자한 「적자색 섬」도 단명의 비운을 겪는다. 백위군 잔당의 정신적 파멸과 패배자들의 애잔함을 그린 「질주」가 초연도 못해보고 상연금지를 당했다면 그나마 조명 빛을 받아본 이들 작품은 차라리 호운이라고 불러야 하나.

1929년, '불가코프의 모든 작품의 무대 상연을 금지'하는 당국의 명령이 하달된 후 불가코프는 극심한 스트레스를 겪으며 자신의 원고를 불태우기도 한다. 1930년 마야콥스키의 자살 이후 사태를 주시하던 스탈린은 불가코프가 모스크바예술극장에서 일할 수 있도록 선처를 베푼다. 하지만 7년을 끌어온 「위선자들의 카발라」 공연이 좌파 평단의 융단폭격을 받고, 이에 모스크바예술극장 측의 대응력 부족으로 상연금지를 당하자 사직서를 제출하고 극장을 영원히 떠난다. 몰리에르의 삶과 죽음을 다루는 「위선자들의 카발라」는 삶과 예술이 한몸이 되어 죽음의 경계조차 초월하는 연극적 구경(究竟)의 경지를 보여준다. 야비한 권력과 치졸한 정치 암투로 희생당하는 몰리에르의 형상은 불가코프 자신이 감내해야 할 운명과도 너무나 흡사했다. 극장과 결별하면서 마지막으로 남긴 말, '모스크바예술극장은 내 희곡의 무덤'이란 고백은 이 작품의 죽음이 사실상 자신의 문학적 사망선고였음을 암시한다.

1934년 집필한 「극락」은 안티유토피아 3부작(나머지는 「아담과 이브」 「이반 바실례비치」) 중 하나로, 타임머신을 타고 2222년 미래로 날아간 한 공학자의 이야기다. 우생학과 과학기술의 발달로 유토피아가 실현된 미래의 도시 모스크바는 실상 자유를 억압하고 권태가 만연한 지겨운 사회로 그려진다. 불가코프는 소련 사회가 약속한 유토피아 환상에 의문을 제기하고 인간 본성에 대한 성찰 없이 성급한 낙관에 도달하는 사회 분위기에 경종을 울린다. 사회주의의 역사적 진화에 대한 회의를 내비친 이 작품이 상연목록에 올라갈 가능성은 만무했다.

러시아 최고 시인 푸시킨의 죽음 순간을 다룬 「마지막 나날들」은 몰리에르에 이어 푸시킨의 죽음을 통해 예술의 사명과 예술가의 존재방식에 대해 사유하고 있다. 황제의 음모에 의해 살해당한 푸시킨의 위대한 예술정신은 권력에 굴복하지 않는 명예로운 삶과 그 후 오는 불멸의 영광에 화답하고 있다.

불멸의 빛이 되다

1939년 불가코프는 급작스런 시력약화를 겪는다. 의사답게 그는 그 증상의 의미에 대해서 잘 알고 있었다. 고혈압성 신장경화증! 신학대학 교수였던 아버지도 그 병으로 요절했다. 유전성이 강한 질병이라 불가코프도 오래전부터 자신의 징후에 대해 주시하고 있던 터였다. 절대 휴식이 필요하건만 불가코프는 교정 중이던 집필원고를 펼쳐 들었다. 병원치료도 거부한 채 극한의 고통을 참으며 오직 작품 완성에 몰두했다. 더 이상 앞을 보지 못하자 아내에게 구술을 받아 적게 했다. 온몸이 뒤틀리는 고통보다 자신의 작품이 그대로 사장될지도 모른다는 사실이 더 괴로웠으리라. 혹시 그가 상상이라도 했을까, 그가 죽기 직전까지 매달렸던 소설 「거장과 마르가리타」가 20세기 러시아 최고의 베스트셀러가 될 줄은.

다리오 포(Dario Fo, 이탈리아)

〈작가연보〉

1926년 이탈리아 출생

1969년 「미스테로 부포」 초판 집필

1970년 「어느 무정부주의자의 사고사」 집필

1997년 노벨문학상 수상

웃어라, 광대여!

기쁘나 슬프나 오직 민중의 즐거움을 위해 웃음을 만들어야 하는 광대. 그의 웃음은 삶이 고달픈 자들의 애환을 씻어주는 성수이자 권력과 성역을 조롱하는 날카로운 비수이다. 약도 되고 독도 되는 이 웃음의 가공할 파괴력은 차별과 억압이 횡행하는 어떤 곳에서나 시공을 초월하여 생산되는 강력한 무기였다. 하지만 이런 거룩하고 성스러운 웃음의 마법에 비해 그 생산자인 광대의 삶은 늘 평탄하지 않았다. 스스로 손가락질받기를 거부하지 않는 광대는 항상 권력의 표적이자 숙청대상이었다. 1997년 스웨덴 학술원은 "권력을 조롱하고 약한 자를 옹호한 중세의 광대에 유비 되는 인물"로 다리오 포에게 노벨 문학상을 수여했다. 웃음 뒤에 가려진 광대의 비애와 용기에 찬사를 보내준 것이다.

진실을 향한 고난의 행군

그는 두려움이 없었고 그의 펜은 가차 없었다. 부조리와 부당함이 있는 곳이라면 피아를 구분하지 않았고 상하를 막론했다. 기득권에 편승하는 이탈리아 정부는 말할 것도 없고 민중 위에 군림하는 경찰과 검찰, 사법부 등과의 일전도 마다치 않았다. 바티칸과의 마찰도 회피할 수 없었다. 골수까지 사회주의자인 그였지만 이탈리아 공산당이 일관성 없는 노선으로 뒤뚱거릴 때도 결코 방관하지 않았다. 당장 스탈린주의와 이탈리아 공산당을 비판하는 희곡을 집필했고, 당 지도부의 조직적인 관람거부사태에 직면하기도 했다. 이때 그의 아내 프란카 라메는 당원증을 반납해버리기도 한다.

사회주의 모국인 소련과의 관계도 순탄치 않았다. 자기 작품의 소련 공연을 준비하던 중에 소련의 체코 침공이 발생하자 그는 단호하게 상연허락을 철회했고 소련 또한 그의 모든 작품 공연을 금지시켜버린다. 1980년 미국에서 열린 '이탈리아 연극 축제'의 레퍼토리에 그의 작품이 들어갔지만 정작 그 자신은 미국으로부터 입국을 거부당하기도 했다. 이들이 겪은 가장 끔찍한 사건은 1973년 3월 8일의 악몽이다. 다리오 포 부부의 활동을 혐오하던 일군의 파시스트들이 아내 프란카를 납치하여 잔혹한 고문과 강간을 자행한다. 이탈리아 전역은 분노했고 프란카에 대한 격려와 지원이 쏟아졌다. 두 달 후 프란카는 초인적으로 고통을 극복하고 자리에서 일어난다. 그리고 이탈리아 파시스트의 탄생과 역사, 그리고 폭력성을 고발하는 「신물 나는 파시스트」란 작품을 발표한다.

정의로운 광대

이런 이력만 본다면 강직하고 옹골찬 전사의 이미지가 떠오르지만, 다리오의 진면목은 역시 요절복통의 코미디와 속이 뻥 뚫리는 풍자에서 나온다. 이탈리아 전통 민중가면극에서 튀어나온 듯한 광대 기질의 인물과 신랄한 현실비판과 자유로운 풍자정신이 흠뻑 밴 과장된 언어들, 그리고 민감한 사회 이슈에 대한 과감한 문제의식 등이 그 진면목의 요소들이다.

조부의 구수한 입담과 아마추어 배우였던 아버지의 끼도 이 '정의로운 광대'의 주조에 큰 기여를 한 거푸집이었다. 역장 생활을 했던 사회주의자 아버지는 2차 대전 중 유대인 과학자와 영국 포로들을 스위스로 도피시키기도 했다. 건축학을 전공한 다리오 포가 무대디자인과 무대장치에 관심을 돌려 광대극에 눈을 뜨게 된 것도 이 유구한 피의 유전자 덕이다.

유랑극단 배우였던 아내 프란카 라메 또한 그의 연극 활동을 논할 때 결코 빼놓을 수 없는 인물이다. 1951년 극장에서 우연히 만나 결혼하게 된 프란카는 다리오 작품의 주요 배우이자 극작 파트너였다. 프란카는 17세기부터 유랑극단을 하던 배우혈통 집안 출신으로서 아버지 도미니코 라메도 독실한 사회주의자였다. 다리오 포와 프란카는 1957년 포-라메 극단을 창단하여 50년 넘게 극작과 공연을 함께하고 있다. 이들은 공연수익금으로 파업노동자를 돕기도 하고 아동보호소를 설립하는 등 서민의 삶을 위해 헌신해 왔다.

권력을 조롱하는 통쾌한 골계미

다리오 포의 재능이 눈부시게 드러난 작품은 역시 그의 광대 기질이 빛을 발한 「미스테로 부포」이다. 중세 신비극(미스테로)과 코미디(부포)를 혼합시킨 이 모놀로그는 외설적이고 직설적인 언어로 로마 가톨릭의 허위와 타락을 풍자하고 있다. 5,000회 이상 공연할 정도로 대중의 반응은 열광적이었는데 때로는 수천 명을 수용하는 체육관에서 공연하기도 했다.

그를 세계적 극작가로 부상시켜준 「어느 무정부주의자의 사고사」는 폭탄테러 혐의로 경찰심문 중 창문에서 뛰어내린 한 무정부주의자의 실화에 토대하고 있다. 능란한 변신과 뛰어난 달변으로 경찰을 농락하는 광대적 인물 '미친 자'는 때론 치밀한 논리로, 때론 속 시원한 조롱으로 경찰조직의 위선을 폭로한다. 다리오 포의 분신과도 같은 이 '미친 자'는 정상인도 미치게 하는 타락한 권력층과 정상이라곤 미친 자밖에 없는 불평등하고 불합리한 현대사회를 비웃는다.

"한쪽 발은 무덤에, 한쪽 발은 무대에"

다리오 포는 노동자 권익과 소수자 보호를 위해 평생을 권력과의 지난한 싸움에 헌납했다. 그의 적들은 언론과 권력을 손아귀에 쥔 괴물이었으나 그가 가진 것이라곤 야유와 조롱을 위한 혓바닥뿐이었다. 그의 편은 늘 소수였고 약자였다. 싸움은 항상 힘겨웠고 때론 살벌했다. 삶에서나 무대에서나 광대는 위태로운 배역이었다. 하지만 그 고통을 이겨내는 유일한 길은 역시 진실에 대한 맹신이라는 사실을 다리오 포는 너무나도 잘 알고 있었다.

아리엘 도르프만(Ariel Dorfman, 칠레)

〈작가연보〉

1942년 아르헨티나 출생 후 미국 이주

1954년 칠레 정착. 아옌데 정권 붕괴 후 망명

1990년 「죽음과 소녀」 집필

1995년 「독자」 집필, 현재 미국에 거주

어느 망명자의 위대한 진실

1973년 9월 11일 오전 11시, 칠레 수도 산티아고. 라디오 방송에서 비장한 목소리가 흐른다. "머지않아 자유를 사랑하는 사람들이 보다 나은 사회를 위해 위대한 길을 갈 것이라고 믿습니다. 역사는 우리의 것입니다." 3시간 후, 목소리의 주인공

아엔데 대통령은 사랑하는 조국 칠레를 지키지 못한 비통함을 안고 스스로 목숨을 끊는다. 1970년 남미 최초로 민주적 선거를 통해 대통령에 당선된 사회주의 개혁가 살바도르 아엔데의 비장한 최후이다. 이어 미국의 지원을 받은 피노체트 독재정권이 들어서고 무자비한 학살과 공포정치가 17년 동안 자행된다. 이 시기 살해된 사람은 정부 공식통계만 해도 3,197명에 달하며, 그 중 시신도 발견되지 않은 1,197명의 영혼은 아직도 구천을 떠돌고 있다. 아리엘 도르프만의 극작품은 이 울분과 통한의 기억을 무대 위에 식자하는 쓰라린 기록물이자 증언록이다.

역사가 낳은 진실한 허구

문학을 허구적 상상력에 토대한 예술적 글쓰기라고 정의한다면 그 하위 장르인 희곡으로선 여간 섭섭한 일이 아니다. 소설이나 시야 그렇다 치지만 구체적 무대 형상화를 전제로 집필된 희곡은 실제 삶 자체를 그 형식으로 삼기 때문이다. 예술의 본질인 허구의 경계를 근원적으로 이탈하진 않지만, 대사와 행위를 중심으로 우리 삶의 일부를 그대로 떼어내어 무대로 옮기는 놀라운 재현력을 가진 희곡은 어떤 장르보다도 삶과 친화적이다. 특히 그 희곡이 실제 사건을 토대로 하거나 작가가 역사 기록자나 증언자의 소명의식을 가지고 극작에 임하는 경우, 허구적 상상력이란 개념은 '진실'이라는 단어에 잠시 자리를 양보해야 한다. 희곡을 삶에 인접한 진실한 허구, 혹은 허구로 구성된 진실이라 호명할 수 있는 근거가 여기에 있다.

칠레 현대사의 정치적 좌절과 그로 인한 민중의 고통에 천착해온 아리엘 도르프만의 극 세계는 문학이 여전히 삶과 현실의 진실한 반영에 복무해야 하는 이유를 설명해준다. 아직도 진행 중인 역사적 과거청산과 희생자 복권의 문제 앞에서 문학은 더 이상 허구나 유희가 아니다. 그가 무대 위로 호출한 수많은 사람, 심지어 강물을 따라 마을로 떠내려오는 썩은 시체들(『과부들』)은 칠레의 과거이자 현재이고, 생생한 증언이자 역사의 기록이다.

상실을 넘어 연대로

아옌데 정권을 붕괴시키기 위해 노골적이고 전방위적인 정치공작을 펼친 미국의 책동은 결국 3만여 명의 처형과 100만여 명의 망명을 야기한 피노체트 군사쿠데타로 이어졌다. 칠레의 기간산업을 장악한 미국과 친미매판 자본, 소수기득권자들의 집요한 정권공략이 살육의 결실을 맺은 것이다. 열렬한 아옌데 추종자이자 반미 지식인이었던 도르프만은 구사일생으로 칠레를 탈출하지만 칠레의 정치·경제적 독립과 민주화를 위해 헌신했던 수많은 동지와 친지들이 형장의 이슬로, 때로는 고문으로 처참한 죽음을 맞는 장면을 지켜보고만 있어야 했다. 민주정부를 수호하지 못한 모멸감, 민중의 염원에 부응하지 못한 죄책감, 그리고 뻔뻔하게 '살아남은 자'의 수치심, 그의 작품 면면에 흐르는 야릇한 신비주의, 혹은 편의적 단정을 불허하는 미세한 불확정성 등은 자유와 해방의 부푼 꿈을 가슴에서 뜯어내야 했던 망명객의 자괴감에서 비롯된다.

독재정권에 의해 체포된 남자들을 하염없이 기다리는 「과부들」에서는 행복을 수탈당한 사람들의 애환과 죽음보다 못한 삶이 그려진다. 고문으로 인해 살해된 남자들이 얼굴식별도 불가능할 정도로 부패한 상태로 강으로 떠내려오면 과부들이 하나둘씩 모여 서로 자기 남편(혹은 자식)이라고 설전을 벌인다. 남편의 죽음을 믿기 싫으면서도 그 고통스러운 기다림에서 벗어나고 싶어 하는 과부들의 몸부림은 과거 청산의 과제가 상처받은 자들의 복수가 아니라 더 이상의 고통은 안 된다는 인간적 요구임을 상기시킨다.

진실은 위대하다

1990년 독재자 피노체트의 실각 이후 칠레 민주화의 바람을 타고 탄생한 「죽음과 소녀」는 「시고니 위버의 진실」이란 영화로 흥행하기 전부터 도르프만의 이름을 세계로 퍼 날랐지만 정작 극작에는 3주밖에 소요되지 않은 작품이다. 오랜 망명생활을 끝내고 가족과 함께 칠레로 돌아온 도르프만은 범죄자 일괄 사면을 전제로 한 '진실과 화해를 위한 위원회' 활동을 지켜보면서 인간의 선과 악, 기억과 망각, 응징과 화해의 딜레마에 대해 집요한 사유를 펼친다. 3명밖에 등장하지 않는 소규모 극이지만 「죽음과 소녀」가 뿜어내는 도저하고 첨예한 문제의식은 그의 극세계가 망명객의 패배의식을 극복하고 인간존재의 비의에 도달하고 있음을 보여준다. 성고문의 악몽에서 벗어나지 못하는 파울리나와 평화와 공존을 주장하는 남편 헤라르도의 논쟁은 진실의 정치적 해소는 기만이며, 오직 인간에 대한 예의만이 진실의 빗장을 풀어낼 수 있다고 말한다.

검열전문 비평가 알폰소가 반체제 작가의 책을 출판하게 된 사연을 그린 「독자」에서 제일 먼저 눈이 가는 부분은 허구의 힘이 알폰소의 차가운 손을 데우고, 마침내 진실을 관통해내는 장면이다. 결코 출판되어선 안 될 위험한 책에서 자신의 참모습을 목도한 알폰소는 결국 허구의 도움으로 진실을 전파하는 모험을 감행한다. 유일한 분단국가인 한국의 상황에 착안한 「경계선 너머」는 인위적인 휴전선 설정으로 인해 생이별을 겪게 되는 노부부의 사연을 블랙코미디 풍으로 그리고 있는데, 여러 경계선을 넘나들었던 그의 인생역정이 우리의 분단 상황과 겹쳐지는 지점을 담은 쓸쓸한 알레고리이다.

미국의 패권주의 때문에 피눈물을 흘렸으나 미국에서 교편을 잡고 있는 망명인, 수많은 나라의 입국심사대에서 밤을 지새운 경계인, 소련 출신의 볼셰비키 아버지와 아르헨티나라는 본적, 그리고 칠레라는 조국을 가진 회색 존재 아리엘 도르프만. 우리가 그를 사랑하는 것은 그가 신봉하는 허구적 진실이 그 많은 경계를 뚫고 지구 반대편에 있는 우리를 감동시킬 만큼 강력하다는 사실 외에도 우리의 분단 상황에 누구보다 깊은 연민을 품는 그의 따뜻한 평화주의 때문은 아닐까.

프랑스엔 〈크세주〉, 일본엔 〈이와나미 문고〉,
한국에는 〈살림지식총서〉가 있습니다.

📖 전자책 | 🔍 큰글자 | 🔊 오디오북

20세기를 빛낸 극작가 20인

펴낸날	**초판 1쇄 2012년 5월 3일** **초판 2쇄 2021년 11월 10일**

지은이	**백승무**
펴낸이	**심만수**
펴낸곳	**(주)살림출판사**
출판등록	**1989년 11월 1일 제9-210호**

주소	**경기도 파주시 광인사길 30**
전화	**031-946-1350** 팩스 **031-624-1356**
홈페이지	http://www.sallimbooks.com
이메일	book@sallimbooks.com

ISBN	978-89-522-1820-9 04080 978-89-522-0096-9 04080 (세트)

※ 값은 뒤표지에 있습니다.
※ 잘못 만들어진 책은 구입하신 서점에서 바꾸어 드립니다.

054 재즈

최규용(재즈평론가)

즉흥연주의 대명사, 재즈의 종류와 그 변천사를 한눈에 알 수 있도록 소개한 책. 재즈만이 가지고 있는 매력과 음악을 소개한다. 특히 초기부터 현재까지 재즈의 사조에 따라 변화한 즉흥연주를 중심으로 풍부한 비유를 동원하여 서술했기 때문에 재즈의 역사와 다양한 사조의 특징을 쉽게 이해할 수 있다.

255 비틀스

고영탁(대중음악평론가)

음악 하나로 세상을 정복한 불세출의 록 밴드. 20세기에 가장 큰 충격과 영향을 준 스타 중의 스타! 비틀스는 사람들에게 꿈을 주었고, 많은 젊은이들의 인생을 바꾸었다. 그래서인지 해체한 지 40년이 넘은 지금도 그들은 지구촌 음악팬들의 많은 사랑을 받고 있다. 비틀스의 성장과 발전 모습은 어떠했나? 또 그러한 변동과정은 비틀스 자신들에게 어떤 의미였나?

422 롤링 스톤즈

김기범(영상 및 정보 기술원)

전설의 록 밴드 '롤링 스톤즈'. 그들의 몸짓 하나하나는 우리가 생각하는 것보다 훨씬 더 탁월한 수준의 음악적 깊이, 전통과 핵심에 충실하려고 애쓴 몸부림의 흔적들이 존재한다. 저자는 '롤링 스톤즈'가 50년 동안 추구해 온 '진짜'의 실체에 다가가기 위해 애쓴다. 결성 50주년을 맞은 지금도 구르기(rolling)를 계속하게 하는 힘. 이 책은 그 '힘'에 관한 이야기다.

127 안토니 가우디 아름다움을 건축한 수도사

손세관(중앙대 건축공학과 교수)

스페인의 세계적인 건축가 가우디의 삶과 건축세계를 소개하는 책. 어느 양식에도 속할 수 없는 독특한 건축세계를 구축하고 자연과 너무나 닮아 있는 건축가 가우디. 이 책은 우리에게 건축물의 설계가 아닌, 아름다움 자체를 건축한 한 명의 수도자를 만나게 해준다.

131 안도 다다오 건축의 누드작가

eBook

임재진(홍익대 건축공학과 교수)

일본이 낳은 불세출의 건축가 안도 다다오! 프로복서와 고졸학력, 독학으로 최고의 건축가 반열에 오른 그의 삶과 건축, 건축철학에 대해 다뤘다. 미를 창조하는 시인, 인간을 감동시키는 휴머니즘, 동양사상과 서양사상의 가치를 조화롭게 빚어낼 줄 아는 건축가 등 그를 따라다니는 수식어의 연원을 밝혀 본다.

207 한옥

eBook

박명덕(동양공전 건축학과 교수)

한옥의 효율성과 과학성을 면밀히 연구하고 있는 책. 한옥은 주위의 경관요소를 거스르지 않는 곳에 짓되 그곳에서 나오는 재료를 사용하여 그곳의 지세에 맞도록 지었다. 저자는 한옥에서 대들보나 서까래를 쓸 때에도 인공을 가하지 않는 재료를 사용하여 언뜻 보기에는 완결미가 부족한 듯하지만 실제는 그 이상의 치밀함이 들어 있다고 말한다.

114 그리스 미술 이야기

eBook

노성두(이화여대 책임연구원)

서양 미술의 기원을 추적하다 보면 반드시 도달하게 되는 출발점인 그리스의 미술. 이 책은 바로 우리 시대의 탁월한 이야기꾼인 미술사학자 노성두가 그리스 미술에 얽힌 다양한 이야기를 재미있게 풀어놓은 이야기보따리다. 미술의 사회적 배경과 이론적 뿌리를 더듬어 감상과 해석의 실마리에 접근하는 또 다른 시각을 제공하는 책.

382 이슬람 예술

eBook

전완경(부산외대 아랍어과 교수)

이슬람 예술은 중국을 제외하고 가장 긴 역사를 지닌 전 세계에 가장 널리 분포된 예술이 세계적인 예술이다. 이 책은 이슬람 예술을 장르별, 시대별로 다룬 입문서로 이슬람 문명의 기반이 된 페르시아·지중해·인도·중국 등의 문명과 이슬람교가 융합하여 미술, 건축, 음악이라는 분야에서 어떻게 표현되었는지 설명한다.

417 20세기의 위대한 지휘자 `eBook`

김문경(변리사)

뜨거운 삶과 음악을 동시에 끌어안았던 위대한 지휘자들 중 스무 명을 엄선해 그들의 음악관과 스타일, 성장과정을 재조명한 책. 전문 음악칼럼니스트인 저자의 추천음반이 함께 수록되어 있어 클래식 길잡이로서의 역할도 톡톡히 한다. 특히 각 지휘자들의 감각 있고 개성 있는 해석 스타일을 묘사한 부분은 이 책의 백미다.

164 영화음악 불멸의 사운드트랙 이야기 `eBook`

박신영(프리랜서 작가)

영화음악 감상에 필요한 기초 지식, 불멸의 영화음악, 자신만의 세계를 인정받는 영화음악인들에 대한 이야기를 담았다. 〈시네마천국〉〈사운드 오브 뮤직〉 같은 고전은 물론, 〈아멜리에〉〈봄날은 간다〉〈카우보이 비밥〉 등 숨겨진 보석 같은 영화음악도 소개한다. 조성우, 엔니오 모리꼬네, 대니 앨프먼 등 거장들의 음악세계도 엿볼 수 있다.

440 발레 `eBook`

김도윤(프리랜서 통번역가)

〈로미오와 줄리엣〉과 〈잠자는 숲속의 미녀〉는 발레 무대에 흔히 오르는 작품 중 하나다. 그런데 왜 '발레'라는 장르만 생소하게 느껴지는 것일까? 저자는 그 배경에 '고급예술'이라는 오해, 난해한 공연 장르라는 선입견이 존재한다고 지적한다. 저자는 일단 발레라는 예술 장르가 주는 감동의 깊이를 경험하기 위해 문 밖을 나서길 원한다.

194 미야자키 하야오 `eBook`

김윤아(건국대 강사)

미야자키 하야오의 최근 대표작을 통해 일본의 신화와 그 이면을 소개한 책. 〈원령공주〉〈센과 치히로의 행방불명〉〈하울의 움직이는 성〉이 사랑받은 이유는 이 작품들이 가장 보편적이면서도 가장 일본적인 신화이기 때문이다. 신화의 세계를 미야자키 하야오의 작품과 다양한 측면으로 연결시키면서 그의 작품세계의 특성을 밝힌다.

eBook 표시가 되어있는 도서는 전자책으로 구매가 가능합니다.

㈜**살림출판사**
www.sallimbooks.com
주소 경기도 파주시 문발동 522-1 | 전화 031-955-1350 | 팩스 031-955-1355